DOCUMENTOS DA CNBB – 84

CONFERÊNCIA NACIONAL DOS BISPOS DO BRASIL

DIRETÓRIO NACIONAL DE CATEQUESE

Texto aprovado pela 43ª Assembléia Geral
Itaici – Indaiatuba (SP), 9 a 17 de agosto de 2005

Direção-geral: *Flávia Reginatto*
Editora responsável: *Vera Ivanise Bombonatto*

Nenhuma parte desta obra poderá ser reproduzida ou transmitida por qualquer forma e/ou quaisquer meios (eletrônico ou mecânico, incluindo fotocópia e gravação) ou arquivada em qualquer sistema ou banco de dados sem permissão escrita da Editora. Direitos reservados.

10ª edição – 2011
8ª reimpressão – 2021

Paulinas
Rua Dona Inácia uchoa, 62
04110-020 – São Paulo – SP (Brasil)
Tel.: (11) 2125-3500
http://www.paulinas.com.br – editora@paulinas.com.br
Telemarketing e SAC: 0800-7010081
© Pia Sociedade Filhas de São Paulo – São Paulo, 2006

CONGREGATIO PRO CLERICIS

DECRETO

N. 20062186

Vista a instância da Conferência Nacional dos Bispos do Brasil (CNBB), que em data de 15 de agosto de 2006 pede a aprovação do *Diretório Nacional de Catequese*, aprovado pela 43ª Assembléia Geral da mesma Conferência em agosto de 2005, a Congregação para o Clero, examinado o presente texto e depois de ouvir também o parecer da Congregação para a Doutrina da Fé, segundo a norma do cânon 775, § 2, do *Código de Direito Canônico*, n. 282 do *Diretório Geral para a Catequese* e o art. 94 da Constituição Apostólica *Pastor Bonus*,

concede a necessária aprovação.

A Santíssima e Indivisa Trindade abençoe este serviço de fé, que a Santa Igreja do Brasil deseja prestar à sua glória e em favor de todas as mulheres e homens do Terceiro Milênio, que, misteriosamente movidos pelo Espírito Consolador, poderão seguir melhor a Cristo, a cada dia, iluminados por Maria, Estrela da evangelização e Virgem de Pentecostes.

Vaticano, 8 de setembro de 2006
Festa da Natividade de Nossa Senhora

✠ *Csaba Ternyák*
Arcebispo tit. de Eminentiana
Secretário

Dario card. Castrillón Hoyos
Prefeito

APRESENTAÇÃO

A catequese vem recebendo da Igreja no Brasil uma crescente valorização. Comprovam-no os documentos, cursos, encontros, celebrações, mobilizações, livros, revistas e tantas outras iniciativas, que se multiplicam por este imenso país. Entretanto, a prova mais evidente desse apreço está na quantidade de catequistas que se dedicam com grande paixão a esse ministério vital para a educação na fé, na esperança e na caridade, daqueles que optam por seguir Jesus Cristo. E também são milhares as pessoas que, sem serem denominadas catequistas, o são, de fato, pois exercem essa mesma missão em nossas comunidades eclesiais.

O *Diretório Nacional de Catequese* (*DNC*) foi solicitado pela Sé Apostólica à Conferência Episcopal por meio do *Diretório Geral para a Catequese* (*DGC*), em 1997. Ele surge num momento importante em nossa Igreja. Primeiramente, como confirmação dos acertos na caminhada de renovação da catequese, desde o Concílio Vaticano II (1965), mas, especialmente, desde o Documento *Catequese Renovada, Orientações e Conteúdo* (*CR*), de 1983.

Ele representa um impulso para novos e significativos passos, principalmente rumo a um maior aprofundamento e criatividade na própria ação catequética. E aqui é importante mencionar, entre outras abordagens, a catequese bíblica, litúrgica, inculturada e fortalecedora da eclesiologia de comunhão e participação; a catequese com adultos e a catequese com forte carga evangélica para a transformação da sociedade, segundo a Doutrina Social da Igreja.

Há alguns destaques a serem considerados, como as fontes da catequese, a formação de catequistas, o catecumenato como modelo referencial para os diversos tipos de catequese, a pedagogia de Deus, a centralidade de Jesus Caminho, Verdade e Vida (cf. Jo 14,6), a ação do Espírito Santo, a catequese para pessoas com deficiência, o princípio metodológico da interação entre a fé e a vida e Maria, mãe e educadora de Jesus e da Igreja.

O *Diretório Nacional de Catequese* é fruto de um grande trabalho de colaboração. Milhares de mãos o elaboraram ao logo de mais de três anos, por meio de um rico processo participativo. E a CNBB, em três assembléias gerais sucessivas, examinou e aperfeiçoou este texto. Mesmo assim, o *DNC* não é um documento acabado, porque a catequese é dinâmica, criativa, atenta às necessidades, desafios e potencialidades do mundo e da Igreja.

O *Diretório Nacional de Catequese* propõe grandes orientações e linhas de ação para a catequese nas Igrejas particulares que, no Brasil, são marcadas pela riqueza da diversidade geográfica, histórica, cultural, étnica e religiosa. Elas têm uma longa e preciosa história, inclusive de catequese, a ser contemplada. E, além disso, têm características que requerem adaptação e uma inculturação específica da catequese.

O *Diretório Nacional de Catequese* foi aprovado pelos bispos do Brasil, por unanimidade, durante a 43ª Assembléia Geral da CNBB, em 2005. Em seguida, recebeu a aprovação da Santa Sé, através da Congregação para o Clero. Agora, os bispos, pastores e mestres da fé, passam o Diretório para o povo, como um presente valioso, recordando o pedido do Papa João Paulo II:

> O vosso papel principal deve ser o de suscitar e alimentar, em vossas Igrejas, uma verdadeira paixão pela catequese; uma paixão, porém, que se encarne numa organização adaptada e eficaz, que empenhe na atividade as pessoas, os meios e os instrumentos e, também, os recursos financeiros. Podeis ter a certeza disto: se a catequese for bem-feita nas vossas Igrejas locais, tudo o mais será feito com maior facilidade (*CT 63*).

Que Maria, a estrela da evangelização e educadora do Filho de Deus e da Igreja, acompanhe maternalmente o diálogo da fé que acontece nos grupos de catequese. Que ela os assessore para que cada catequizando e cada catequista possa, a seu exemplo, expressar com a vida o sim generoso ao chamado e ao envio do Senhor. Que ela, com sua força amorosa de Mãe da

Igreja, ajude a levar ao encontro de Jesus Cristo, seu Filho, todos aqueles que estão à procura do caminho, da verdade e da vida. "Esta é a vida eterna: que conheçam a ti, o Deus único e verdadeiro, e a Jesus Cristo, aquele que enviaste" (Jo 17,3).

Esta apresentação não seria completa sem um agradecimento profundo à Comissão Episcopal Pastoral para a Animação Bíblico-Catequética e à Comissão encarregada, pela CNBB, de elaborar este *Diretório* e acompanhar a sua aprovação: bispos, peritos e assessores convidados a darem sua colaboração. Deus lhes pague.

Brasília (DF), 30 de setembro de 2006,
memória de são Jerônimo

† *Dom Odilo Pedro Scherer*
Bispo Auxiliar de São Paulo
Secretário-Geral da CNBB

SIGLAS E ABREVIATURAS

AG	Decreto *Ad Gentes* do Vaticano II sobre evangelização dos povos
AS	*Apostolorum Successores – Diretório para o Ministério Pastoral dos Bispos* (2005)
Catecismo	João Paulo II, *Catecismo da Igreja Católica* (1992-1997)
CD	Decreto *Christus Dominus* do Vaticano II sobre o episcopado
CDC	*Código de Direito Canônico* (1983)
Celam	Conferência (ou Conselho) Episcopal Latino-Americano
ChL	João Paulo II, *Christifideles Laici* sobre a vocação e missão dos leigos
CMM	Dimensão Bíblico-Catequética, *Catequese para um mundo em mudança* (Estudos da CNBB 73, 1994)
CNBB	Conferência Nacional dos Bispos do Brasil
CR	CNBB, *Catequese Renovada: orientações e conteúdo* (Doc. da CNBB 26, 2002, 35ª edição; 1ª edição em 1983)
CT	João Paulo II, Exortação Apostólica *Catechesi Tradendae* (1979)
DCG	Congregação para o Clero, *Diretório Catequético Geral* (1971)
DGAE	*Diretrizes Gerais da Ação Evangelizadora da Igreja no Brasil 2003-2006* (Doc. CNBB 71)

DGC	Congregação para o Clero, *Diretório Geral para a Catequese* (1997)
DH	*Dignitatis Humanae* do Vaticano II sobre a liberdade religiosa
DNC	CNBB, *Diretório Nacional de Catequese* (2002-2005)
DV	Constituição Dogmática *Dei Verbum* do Vaticano II sobre a Revelação
EN	Paulo VI, Exortação Apostólica *Evangelii Nuntiandi* sobre a evangelização dos povos (1974)
ERE	Ensino Religioso Escolar
FC	Dimensão Bíblico-Catequética, *Formação de Catequistas: critérios pastorais* (Estudos da CNBB 59, 1990)
GREBIN	Grupo de Reflexão Bíblica Nacional
GRECAT	Grupo Nacional de Reflexão Catequética
GRESCAT	Grupo de Escolas Catequéticas
GS	Constituição Pastoral *Gaudium et Spes* do Vaticano II sobre a Igreja no mundo de hoje
LG	Constituição Dogmática *Lumen Gentium* do Vaticano II sobre a Igreja
MPD	Sínodo de 1977 sobre a catequese, *Mensagem ao Povo de Deus*
NMI	João Paulo II, *Novo Millennio Ineunte* (em 2001, no término do Grande Jubileu do ano 2000)
P	CELAM, Documento de *Puebla* (1979)
PO	*Presbyterorum Ordinis* do Vaticano II sobre o ministério e vida dos presbíteros
RICA	Sagrada Congregação para o Culto Divino, *Rito de Iniciação Cristã de Adultos* (1973/2001)

RMi	João Paulo II, Carta Encíclica *Redemptoris Missio* sobre a validade permanente do mandato missionário (1990)
SC	Constituição *Sacrosanctum Concilium* do Vaticano II sobre a liturgia
SCALA	Sociedade de Catequetas Latino-americanos
SD	CELAM, Documento de *Santo Domingo* (1992)
TM	Dimensão Bíblico-Catequética, *Textos e Manuais de Catequese: elaboração, análise, avaliação* (Estudos da CNBB 53, 1987)
UR	*Unitatis Redintegratio* do Vaticano II sobre o ecumenismo

INTRODUÇÃO

> "Isso que vimos e ouvimos, nós vos anunciamos, para que estejais em comunhão conosco" (1Jo 1,3a).

1. Este *Diretório Nacional de Catequese* (*DNC*) é um esforço de adaptação à realidade do Brasil do *Diretório Geral para a Catequese*, de 1997[1] (cf. *DGC* 9, 11, 139, 166 e 171). Nele, portanto, inspira-se, fazendo porém as adaptações necessárias, que reflitam a caminhada da Igreja e o movimento catequético brasileiro destes últimos 50 anos.

2. O documento da CNBB *Catequese Renovada: orientações e conteúdo*,[2] que, desde 1983, vem impulsionando a catequese no Brasil, continua sendo-lhe uma referência fundamental. Mas, de 1983 para cá, surgiram situações e documentos do Magistério[3] apontando para a necessidade de novas

---

[1] CONGREGAÇÃO PARA O CLERO. *Diretório Geral para a Catequese*. 1. ed. São Paulo, Paulinas, 1998.
[2] CNBB. *Catequese Renovada*: orientações e conteúdo. 1. ed. (foram feitas outras 34 edições). São Paulo, Paulinas, 1983 (Documentos da CNBB 26).
[3] Destacamos especialmente: a Exortação Apostólica de João Paulo II *Catechesi Tradendae*, em 1979; o *Catecismo da Igreja Católica*, em 1992; o *Diretório Geral para a Catequese*, em 1997; a IV Conferência Episcopal Latino-Americana, em Santo Domingo, em 1992; o Sínodo extraordinário sobre a *Igreja na América*,

orientações da Igreja para reforçar o impulso da renovação da catequese.

3. A Comissão Episcopal de Animação Bíblico-Catequética da CNBB apresentou, então, à Assembléia Geral dos Bispos em 2002 uma proposta, que foi aprovada, de elaboração de um *Diretório Nacional de Catequese*. Uma comissão especial nomeada pela mesma Assembléia logo na primeira reunião optou por um trabalho através do processo participativo envolvendo dioceses, escolas de catequese e catequistas. O *Instrumento de trabalho n. 1* recebeu contribuições da Assembléia da CNBB de 2003, que solicitou a diminuição do texto. Enriquecido, com mais contribuições vindas de todo o país, mas ao mesmo tempo sintetizado, o *Instrumento de trabalho n. 2* teve o aval da Assembléia da CNBB em 2004, e com novos enriquecimentos foi preparado e publicado como *Instrumento de trabalho n. 3*, para a Assembléia Geral da CNBB de abril de 2005. Tendo sido esta postergada para agosto do mesmo ano, por motivo do falecimento do Papa João Paulo II, de feliz memória, e, também, por motivo da

---

em 1997; a Carta Apostólica de João Paulo II *Novo Millennio Ineunte*, em 2001; os Projetos *Rumo ao Novo Milênio*, *Ser Igreja no Novo Milênio* e *Queremos ver Jesus, Caminho, Verdade e Vida*; a auto-avaliação da Igreja por ocasião dos 500 anos de evangelização do Brasil; a tradução da Bíblia pela CNBB; a Segunda Semana Brasileira de Catequese, em 2001, com o tema "Com adultos, catequese adulta" e toda a mobilização em torno dela.

eleição do Papa Bento XVI, houve nova redação integrando as contribuições chegadas até junho de 2005, constituindo-se no *Instrumento de trabalho n. 3*, em sua quarta versão, que foi apresentada para apreciação e votação.

1. Os Diretórios na Tradição recente da Igreja

4. O primeiro *Diretório Catequético Geral* da Sé Apostólica, de 1971, foi publicado por mandato do Vaticano II para "tratar dos princípios e do ordenamento fundamentais da formação cristã" (*CD* 14).[4] O *Diretório Geral para a Catequese* de 1997 atualizou o anterior. Se o primeiro Diretório (1971) foi uma resposta do Concílio à velha demanda de um catecismo universal, o segundo (1997) veio consagrar o *Catecismo da Igreja Católica*, surgido entre ambos, em 1992, e oficialmente ratificado em 1997, e seu *Compêndio* em 2005.

5. No *Diretório Geral para a Catequese* encontramos, sobretudo, critérios inspiradores para a ação catequética e não tanto indicação de normas imperativas, como poderia sugerir talvez

---

[4] *Christus Dominus* propunha três tarefas para um futuro *Diretório Catequético Geral*: 1) oferecer princípios teológico-pastorais fundamentais que orientem a catequese; 2) propor linhas mais adequadas para uma pastoral catequética e 3) sugerir critérios para a elaboração dos instrumentos adequados (cf. *Introdução* do *DCG*).

a palavra diretório. Os Diretórios tornaram-se quase manuais, vade-mécuns ou compêndios, um conjunto de princípios, critérios e normas de natureza bíblico-teológica e metodológico-pastoral com a função de coordenar a ação pastoral.

6. Nosso *Diretório Nacional de Catequese*, o primeiro do Brasil, segue essa mesma orientação. Pretende não só relembrar princípios e critérios já conquistados, mas, sobretudo, fazê-los avançar, como pede o mesmo *Diretório Geral para a Catequese*: "Estimular, para o futuro, estudos e pesquisas mais profundas, que respondam às necessidades da catequese e às normas e orientações do Magistério" (13).

2. Objetivo e finalidades

7. O objetivo geral do *Diretório Nacional de Catequese* é apresentar a natureza e finalidade da catequese, traçar os critérios de ação catequética, orientar, coordenar e estimular a atividade catequética nas diversas regiões. Ele pretende delinear uma catequese litúrgica, bíblica, vivencial, profundamente ligada à mística evangélico-missionária, mais participativa e comunitária.

8. As finalidades deste *Diretório* são:
   a) *estabelecer princípios* bíblico-teológico-litúrgico-pastorais para promover e impulsionar a renovação da mentalidade catequética;

b) *orientar* o planejamento e a realização da atividade catequética nos diversos regionais e dioceses;
c) *coordenar* as diversas iniciativas catequéticas;
d) *articular* a ação catequética com as outras dimensões de nossa pastoral (litúrgica, comunitário-participativa, missionária, dialogal-ecumênica e sociotransformadora);
e) *estimular* a atividade catequética, principalmente onde as comunidades sentem mais dificuldade na promoção da educação da fé.

3. Critérios de redação e esquema geral

9. Ao se redigir este *Diretório Nacional de Catequese*, manteve-se o esquema geral do *Diretório Geral para a Catequese*, com adaptações à nossa realidade, refletindo o movimento catequético brasileiro destes últimos 50 anos. Ele divide-se em duas partes:
a) Na *primeira*, de caráter mais de iluminação, são tratados os fundamentos teológico-pastorais da catequese, a partir da renovação pós-conciliar. Inicia-se apresentando as conquistas do recente movimento catequético brasileiro. A seguir, é aprofundado o tema da Revelação e catequese, correspondendo à primeira parte do *Diretório Geral para a Catequese*; aí a catequese se apresenta bem dentro da missão evangelizadora da

Igreja, como atividade de iniciação à fé. Após ter sido esclarecida a verdadeira tarefa da catequese, far-se-á, então, uma leitura da nossa realidade brasileira e da história como lugares teológicos da manifestação de Deus, correspondendo à Exposição Introdutória do *Diretório Geral para a Catequese*. A mensagem e conteúdo da catequese são considerados no capítulo quarto, destacando-se a Bíblia, a liturgia e os catecismos.

b) A *segunda* parte, de caráter mais prático, compõe-se de quatro capítulos: primeiramente se analisa a pedagogia catequética tendo como fundamento a pedagogia divina, modelo da educação da fé pretendida pela catequese. Enumeram-se no capítulo sexto os destinatários, considerados como interlocutores no processo catequético; o capítulo sétimo trata do ministério da catequese com seus protagonistas; e, por fim, no último capítulo, são analisados os lugares e a organização da catequese na Igreja local.

I. Fundamentos teológico-pastorais da catequese

1. Movimento catequético pós-conciliar: conquistas e desafios
2. A catequese na missão evangelizadora da Igreja

3. Catequese contextualizada: história e realidade
4. Catequese: mensagem e conteúdo

II. Orientações para a catequese na Igreja particular

5. Catequese como educação da fé
6. Destinatários como interlocutores no processo catequético
7. O ministério catequético e seus protagonistas
8. Lugares da catequese e sua organização na Igreja particular

Conclusão

I.
FUNDAMENTOS TEOLÓGICO-PASTORAIS DA CATEQUESE E SEU CONTEXTO

Capítulo 1

MOVIMENTO CATEQUÉTICO PÓS-CONCILIAR: CONQUISTAS E DESAFIOS

> "Vós sois as testemunhas destas coisas"
> (Lc 24,48).

1. Renovação catequética à luz do Concílio Ecumênico Vaticano II

10. Com o Vaticano II, a Igreja no Brasil renovou-se significativamente, animada, entre outras coisas, pelos planos de pastoral, diretrizes e documentos. Sob o influxo da VI Semana Internacional de Catequese e da II Conferência Geral do Episcopado da América Latina, ambas em Medellín (1968), a catequese tomou novos rumos à luz de uma eclesiologia e cristologia mais voltadas para a situação difícil vivida pelo povo. Nascia ali um novo modelo de catequese que, para melhor encarnar a doutrina, acentuava também a dimensão situacional, transformadora ou libertadora. As comunidades eclesiais passaram a favorecer uma educação da fé, ligada mais à vida da comunidade, aos problemas sociais e à cultura

popular. A opção pelos pobres fez a catequese rever sua metodologia e, sobretudo, seus conteúdos. A formação das(os) catequistas[1] recebeu especial atenção, principalmente através da multiplicação de escolas catequéticas. Em termos de organização, houve maior articulação nacional do trabalho catequético por meio dos organismos da CNBB.

11. As conquistas catequéticas pós-conciliares, estimuladas pelo *Diretório Catequético Geral* (*DCG*, 1971), pelo Sínodo sobre Evangelização (1974) e pela Carta Apostólica de Paulo VI *Evangelii Nuntiandi* (*EN*, 1975), concretizaram-se no *Sínodo sobre a Catequese* (1977) e na Exortação Apostólica que se lhe seguiu *Catechesi Tradendae* (*CT*, 1979). No Brasil, foi de especial importância o texto da CNBB *Catequese Renovada: orientações e conteúdo* (1983). Surgido inicialmente como resposta à necessidade de renovar o conteúdo da catequese, sua elaboração enveredou pela busca dos princípios e diretrizes básicas da ação catequética. Foi fruto de ampla movimentação nacional, com participação de comunidades, catequistas, estudiosos e pastores.

12. A catequese, a partir de 1983, em geral assumiu estes eixos centrais: a Bíblia como texto principal,

---

[1] Neste *Diretório Nacional de Catequese*, por motivos gramaticais, o termo *catequista* sempre será usado no masculino, referindo-se tanto às mulheres como aos homens. O mesmo se diga quanto a *coordenador(a), religioso(a), leigo(a), discípulo(a), irmão(a)* etc.

os momentos celebrativos, o princípio de interação fé e vida, o valor e importância da caminhada da comunidade de fé como ambiente e conteúdo de educação da fé. Aprofundando o documento *Catequese Renovada* e atualizando a reflexão em torno dos novos desafios, outros textos foram surgindo.[2]

2. Características da *Catequese Renovada*

13. As principais características do documento *Catequese Renovada* e de sua práxis posterior são:

    a) *Catequese como processo de iniciação à vida de fé*: é o deslocamento de uma catequese simplesmente doutrinal para um modelo mais experiencial, e da catequese das crianças para a catequese com adultos. Tanto a dimensão doutrinal como a da experiência estão integradas no

---

[2] São textos produzidos pelo *Grupo Nacional de Reflexão Catequética* (GRECAT), fundado em 1983, porém com antecedentes desde a década de 1960. São os seguintes: *Textos e manuais de catequese: orientações para sua elaboração, análise e avaliação* = Estudos da CNBB 53, 1987; *Primeira Semana Brasileira de Catequese* = Estudos da CNBB 55, 1987; *Formação de catequistas: critérios pastorais* = Estudos da CNBB 59, 1990; *Orientações para a catequese de crisma* = Estudos da CNBB 61, 1991; *Catequese para um mundo em mudança* = Estudos da CNBB 73, 1994; *O hoje de Deus em nosso chão* = Estudos da CNBB 78, 1998; *Com adultos, catequese adulta* = Estudos da CNBB 80, 2001; *Itinerário da fé na "iniciação cristã de adultos"* = Estudos da CNBB 82, 2001; *Segunda Semana Brasileira de Catequese* = Estudos da CNBB 84, 2002; *Crescer na leitura da Bíblia* = Estudos da CNBB 86, 2003; *Ler a Bíblia com a Igreja: comentário didático popular à Constituição dogmática* Dei Verbum = Projeto Nacional de Evangelização "Queremos ver Jesus..." 11, 2004.

processo de tornar-se discípulo de Jesus. Começa a delinear-se um modelo metodológico que leva à experiência de Deus que se expressa, sobretudo, na vida litúrgica e orante.

b) *Iniciação à vida de fé em comunidade*: conforme a pedagogia de Deus, Ele se revela no dia-a-dia de pessoas que vivem em comunidade. A catequese é concebida como uma *iniciação* à fé em sua dimensão pessoal e comunitária.

c) *Processo permanente de educação da fé*: se a catequese é o momento da *iniciação à fé*, a formação cristã se prolonga pela vida inteira. Além das crianças, os adultos começam a merecer maior atenção.

d) *Catequese cristocêntrica*: conduz ao centro do Evangelho (querigma), à conversão, à opção por Jesus Cristo que nos revela o Pai, no Espírito Santo (dimensão trinitária), e ao seu seguimento. A catequese está a serviço da pessoa humana em sua situação concreta (dimensão antropológica). Por isso ela educa para a vivência do mistério d'aquele que revelou o homem ao homem, o novo Adão, Jesus Cristo. É uma catequese *cristológica* com dimensão *antropológica*, que leva a uma antropologia com dimensão cristológica.

e) *Ministério da Palavra*: a catequese é considerada anúncio da Palavra de Deus, a serviço da qual se coloca. O verdadeiro catequista tem a convicção (mística) de que é *profeta* hoje, comunicando a Palavra de Deus com seu dinamismo e eficácia, na força do Espírito Santo. A Bíblia é considerada o *livro da fé* e, por isso mesmo, o *texto principal* da catequese. O princípio da interação fé e vida, aplicado à leitura da Bíblia, gera um tipo de leitura vital e orante da Palavra de Deus.

f) *Coerência com a pedagogia de Deus:* a renovação da catequese assume a doutrina sobre a Revelação, contida na *Dei Verbum*, com suas conseqüências. O modo de educar a fé segue o mesmo "processo e pedagogia" que Deus usou para revelar-se, isto é: Revelação progressiva através de *palavras* e *acontecimentos*, por dentro da vida da comunidade, o respeito pela caminhada da comunidade, o amor pelos pobres e a conseqüente *paciência* (em sentido bíblico) no processo de educação da fé.

g) *Catequese transformadora e libertadora*: a mensagem da fé, iluminando a existência humana, forma a consciência crítica diante das estruturas injustas e leva a uma ação transformadora da realidade social. *Catequese Renovada* introduziu o conceito de *ações evangélico-transformadoras* como aprofundamento do tradicional conceito de *atividades pedagógicas*. A catequese tem por tarefa *introduzir* o cristão nestas ações, "inspiradas pela experiência de Deus na caminhada da comunidade; [elas] educam evangelicamente para as mudanças do ambiente que nossa fé exige e inspira".[3]

h) *Catequese inculturada*: a catequese quer valorizar e assumir os valores da cultura, a linguagem, os símbolos, a maneira de ser e de viver do povo nas suas diversas expressões culturais. A inculturação está presente em *Catequese Renovada*, embora o termo não apareça explicitamente. Fala-se de interação fé e vida, com vistas principalmente a aspectos sociais, políticos e econômicos. Isso facilitou posteriormente a compreensão da necessidade de assumir e valorizar os elementos da cultura, da linguagem, dos símbolos que fazem parte da maneira de viver do povo. Expressar o Evangelho de forma relevante para a cultura é uma exigência metodológica da catequese. Como afirmou João Paulo II: "Não é a cultura a medida do Evangelho, mas Jesus Cristo é a medida de toda a cultura e de toda obra humana" (SANTO DOMINGO, *Discurso de abertura*, 2; cf. 13, nota 2). Não se trata só da cultura popular, ligada

---

[3] CNBB, *TM* 129; cf. 129-131 e 194-200. Esse documento aprofunda o conceito de atividades evangélico-transformadoras que têm sua origem nas práticas das CEBs. Cf. abaixo 152 e 301-302.

mais ao ambiente rural e às vezes pré-moderno, mas também da cultura surgida da modernidade e pós-modernidade, cujo lugar privilegiado são os grandes espaços urbanos.

i) *Interação fé e vida*: o conteúdo da catequese compreende dois elementos que interagem: a experiência da vida e a formulação da fé. A afirmação do princípio de *interação* é a recusa tanto do excesso da teoria desligada da realidade, quanto do dualismo que desvaloriza as necessidades do aqui e agora, da vida terrena dos filhos de Deus.

j) *Catequese integrada com as outras pastorais*: como *dimensão,* a catequese está presente em todas as pastorais e, como *atividade específica,* articula-se com as demais. A catequese respira a vida e a fé da Igreja, celebrada na liturgia, expressa na prática pastoral das comunidades e nas suas orientações. A catequese se beneficia dessa articulação ao mesmo tempo que contribui para uma pastoral orgânica ou de conjunto.

k) *Caminho de espiritualidade*: um dos temas centrais da formação do catequista é sua espiritualidade: ela brota da vida em Cristo, que se alimenta na ação litúrgica e se expressa a partir da própria atividade de educador da fé, da mística daquele que está a serviço da Palavra de Deus. É uma espiritualidade bíblica, litúrgica, cristológica, trinitária, eclesial, mariana e encarnada na realidade do povo.[4]

l) *Opção preferencial pelos pobres*: a Igreja redescobriu os pobres não apenas como categoria sociológica, mas sobretudo teológica; considera-os destinatários de sua missão e evangelizadores. Não se trata de um *tema* da catequese, mas de uma *perspectiva geral*, que orienta concretamente objetivos, sujeitos e destinatários, conteúdo, métodos, recursos e a própria formação de catequistas.

m) *Temas e conteúdo: Catequese Renovada* descreveu em sua terceira parte *os temas fundamentais da catequese*. Trata-se de um conjunto de mensagens a ser adaptado aos destinatários quanto à seleção de temas, linguagem, metodologia. Deseja-se principalmente que esse conteúdo de mensagens seja vivido na caminhada da comunidade. O eixo central que permeia a apresentação da mensagem é o da *comunhão-participação* num processo comunitário. A quarta parte do documento descreve o processo pelo qual interagem o conteúdo da fé e a transformação da vida pessoal e social.

---

[4] Cf. CNBB, *FC* 157. Após o documento *CR,* houve e continua havendo um impulso considerável tanto para a vocação de catequistas, quanto para a práxis da mesma catequese em diversas instâncias.

3. Alguns desafios

14. Depois de mais de duas décadas da primeira edição de *Catequese Renovada*, podemos identificar hoje alguns desafios mais significativos, dentre tantos que surgem em nossa tarefa catequética:

    a) criar maior unidade na pastoral catequética, organizando melhor a catequese nos diversos níveis (regional, diocesano, paroquial) e pondo em prática as orientações que já existem;

    b) formar catequistas como comunicadores de experiências de fé, comprometidos com o Senhor e sua Igreja, com uma linguagem inculturada que seja fiel à mensagem do Evangelho e compreensível, mobilizadora e relevante para as pessoas do mundo de hoje, na realidade pós-moderna, urbana e plural;

    c) fazer da Bíblia realmente o texto principal da catequese;

    d) fazer com que o princípio de interação fé e vida seja assumido na atividade catequética de modo que o conteúdo responda aos desafios do mundo atual;

    e) suscitar nos catequistas e catequizandos o sentido do valor da celebração litúrgica, da dimensão orante na catequese e o amor pela comunidade;

    f) assumir o processo catecumenal como modelo de toda a catequese e, conseqüentemente, intensificar o uso do *Ritual de Iniciação Cristã de Adultos* (*RICA*);

g) passar de uma catequese só orientada para os sacramentos, para uma catequese que introduza no mistério de Cristo e na vida eclesial;

h) integrar na catequese as conquistas das ciências da educação, particularmente a pedagogia contemporânea, discernida à luz do Evangelho;

i) fazer com que a catequese se realize num contexto comunitário, seja um processo de inserção na comunidade eclesial e que essa seja catequizadora;

j) incentivar a instituição do ministério da catequese;

k) tornar efetiva a prioridade da catequese com adultos como resposta às novas exigências da evangelização e como pedem a *Catequese Renovada* 130 e a *Segunda Semana Brasileira de Catequese*;

l) incentivar a catequese junto a pessoas com deficiência;[5]

m) assumir na catequese a vida e os clamores dos marginalizados e os excluídos;

---

[5] Neste *Diretório Nacional de Catequese* usaremos a nomenclatura oficial brasileira (cf. *Diário Oficial do Senado Federal* de 17 de outubro de 2003, pp. 32745-32746 e ss) e em consonância da *Campanha da Fraternidade* de 2006.

n) motivar e estimular os catequistas e catequizandos para o compromisso missionário e social da fé, assumido no sacramento da Confirmação;

o) buscar parcerias com a pastoral da juventude, missionária e outras, atingindo assim mais pessoas nesse processo.

CAPÍTULO 2

A CATEQUESE NA MISSÃO EVANGELIZADORA DA IGREJA

> "Ide pelo mundo inteiro e anunciai a Boa-Nova a toda criatura!" (Mc 16,15).

1. Fé e sentido da vida

15. Em nossa existência, procuramos o sentido da vida. O que significa ser pessoa humana, viver muitos ou poucos anos? O que estamos fazendo aqui? De onde viemos? Para onde vamos? Essas e outras perguntas existenciais são um ponto de partida e de contínua referência na catequese. Da capacidade de levar em conta essas perguntas depende a relevância da catequese para as pessoas às quais se destina. A busca de Deus na história da humanidade se enraíza nas perguntas que as pessoas fazem quando se inquietam sobre a vida, o mundo. A fé cristã nos faz reconhecer um propósito na existência: não somos frutos do acaso, fazemos parte de uma história que se desenrola sob o olhar amoroso de Deus.

16. É algo de extraordinário o fato de Deus, transcendente e onipotente, querer comunicar-se com

os seres humanos. De muitas maneiras Ele, no passado, falou a nossos pais na fé. De um modo perfeito e definitivo revelou-se plenamente em Jesus Cristo (cf. Hb 1,1-2). Hoje Ele continua a se fazer presente em nossas vidas: sua Palavra se encontra nas Sagradas Escrituras, na Igreja, na liturgia, nas pessoas, nos acontecimentos. "Cristo está sempre presente em sua Igreja, e especialmente nas ações litúrgicas. Está presente no sacrifício da missa, tanto na pessoa do ministro, pois aquele que agora se oferece pelo ministério sacerdotal é o 'mesmo que, outrora, se ofereceu na cruz', como sobretudo nas espécies eucarísticas. Ele está presente pela sua virtude nos sacramentos, de tal modo que, quando alguém batiza, é o próprio Cristo quem batiza. Está presente na sua palavra, pois é Ele quem fala quando na Igreja se lêem as Sagradas Escrituras. Está presente, por fim, quando a Igreja ora e salmodia, Ele que prometeu: 'Onde dois ou três estiverem reunidos em meu nome, eu estou ali, no meio deles' (Mt 18,20)" (*SC* 7; cf. *DV* 4).

17. A Revelação nos apresenta, desde o começo, um Deus que quer vida em plenitude para seus filhos. O Deuteronômio nos mostra, como resumo da lei do Senhor, o próprio Deus desejando que cada um seja sábio o bastante para optar pelo melhor caminho: "[...] escolhe, pois, a vida, para que vivas, tu e teus descendentes, amando ao Senhor, teu Deus,

obedecendo à sua voz e apegando-te a Ele — pois Ele é a tua vida [...]" (Dt 30,19-20). A Revelação nos encaminha, portanto, a uma catequese que responda aos anseios humanos e promova uma vida mais gratificante para todos, como estava desde sempre no desígnio de Deus.

18. Pela *evangelização, catequese e liturgia*, essa Palavra de Deus continua a chegar às pessoas. Essa comunicação da fé, hoje, segue o mesmo processo pelo qual Deus, no passado, se revelou. Por isso, para compreender bem as tarefas e o conteúdo da catequese, é necessário aprofundar as relações existentes entre Revelação e catequese.

2. Revelação e Palavra de Deus

2.1. Deus, em Jesus Cristo, revela-se como Pai Misericordioso

19. A constituição conciliar *Dei Verbum* afirma que nosso Deus, Pai Misericordioso, quis revelar-se a si mesmo. Em sua bondade e sabedoria Ele nos dá a conhecer o mistério da sua vontade (cf. Ef 1,9). "Deus, que cria e conserva todas as coisas por meio do Verbo, oferece à humanidade, nas coisas criadas, um testemunho permanente de si" (*DV* 3), e pelo Espírito Santo nós homens e mulheres podemos participar da sua natureza divina (cf. 2Pd 1,4; *DV* 2).

O *Catecismo*[1] confirma: o ser humano pode chegar até Deus ouvindo a mensagem da criação, e por isso toda pessoa humana é capaz de Deus (cf. 27-28; Rm 1,19-20). Essa condição nos é dada porque "o Deus invisível" (cf. Cl 1,15; 1Tm 1,17), levado por seu grande amor, nos fala como amigos, convidando-nos à comunhão (cf. *DV* 2). O Deus da misericórdia sempre esteve presente na história dos povos e de cada consciência e assim, "nos corações dos homens de boa vontade, a graça podia operar de modo invisível" (*GS* 22, 5), "a fim de dar a vida eterna a todos aqueles que, pela perseverança na prática do bem, procuram a Salvação (cf. Rm 2,6-7)" (*DV* 3).

20. O Deus, que quis revelar-se a todos através das maravilhas do mundo e do ser humano criado à sua imagem, e que vem ao encontro de todos aqueles que sinceramente o buscam nas diversas religiões, em sua misericórdia quis levar a termo a esperança de toda a humanidade escolhendo para si um povo, para revelar-se pessoalmente e acompanhá-lo em sua história. Assim, o Deus de Abraão, Isaac e de Jacó fez-se Salvador para todos os povos na plenitude dos tempos (cf. *DV* 2-3; *GS* 22, 5). Tal Revelação tem sua plenitude na pessoa de Jesus Cristo, em suas *obras e palavras*, em sua vida, toda ela

---

[1] Daqui para a frente, quando neste *Diretório Nacional de Catequese* se citar apenas a palavra *Catecismo*, sempre se referirá ao *Catecismo da Igreja Católica*.

salvífica, e, principalmente, em seu mistério pascal. Ele nos mostra a face misericordiosa do Pai e nos dá os meios de nos tornarmos participantes de sua natureza divina (cf. 2Pd 1,4). Através dele, na força do Espírito Santo, temos acesso a Deus, nosso Pai (cf. Jo 1,12; At 17,18; 2Cor 3,18). Para se comunicar conosco, em sua infinita bondade, Ele se serve de *acontecimentos* e *palavras* intrinsecamente unidas, num processo progressivo e por etapas: é a pedagogia divina. Ele se revela inserido na vida e na história humana, respeitando nossas capacidades e modo de ser.[2]

21. Deus assim se revela desde os inícios a nossos pais. Após a queda (cf. Gn 3,15), Ele prometeu-nos a esperança da Salvação e ofereceu-nos sua Aliança; chamou Abraão para dele fazer um grande povo, por meio de Moisés e os profetas, ajudando este povo a conhecê-lo como Deus vivo e verdadeiro, Pai providente e justo Juiz, e a esperar o Salvador prometido (cf. *DV* 3). Jesus, Verbo feito carne, plenitude da Revelação, revela os segredos do Pai, liberta-nos do pecado e da morte e nos garante a ressurreição (cf. *DV* 4). Em sua missão Ele usou a mesma pedagogia do Pai; fez-se um de nós, partilhando nossas alegrias e sofrimentos, usando nossa linguagem

---
[2] Outros aspectos da pedagogia de Deus e suas conseqüências para a catequese serão vistos no capítulo quinto, 138-149.

(cf. *GS* 22). Seus discípulos, instruídos por Ele mesmo e revestidos do seu Espírito em Pentecostes, são testemunhas do mistério de sua Pessoa, Palavra de Vida que tocaram com as próprias mãos (cf. 1Jo 1,1), e foram enviados pelo Ressuscitado a todos os povos (cf. Mt 28,19-20) para convidá-los ao banquete do Amor-Comunhão, tornando-se filhos do Pai Misericordioso, discípulos de Cristo e templos do Espírito Santo.

22. Essa *boa notícia da Salvação* (Evangelho) é para toda a humanidade. Jesus deu aos discípulos a missão de evangelizar (cf. Mc 13,10; Mt 28,18-20; Lc 4,18-19). Essa missão é fonte da verdade salvífica, de toda disciplina de costumes comunicando os dons divinos, e isso foi fielmente realizado pelos apóstolos (cf. *DV* 7). A Igreja, sinal (sacramento) supremo de sua presença salvadora na história, transmite a Revelação e anuncia a Salvação através do mesmo processo pedagógico de *palavras* e *obras*, sobretudo nos sacramentos. Ela está convencida de que sua principal tarefa é comunicar esta Boa-Nova aos povos: ela está a serviço da *evangelização*, exercendo o *ministério da Palavra* do qual faz parte a catequese.

2.2. A Palavra de Deus, fundamento da catequese

23. O conjunto das obras realizadas por Deus ao longo da História da Salvação, com as obras e mensagens

dos profetas, é Revelação de Deus, que em Jesus Cristo, em sua vida e palavra não só alcança o mais elevado grau, mas se constitui no critério absoluto de interpretação da história salvífica anterior. "Os apóstolos, transmitindo aquilo que eles próprios receberam, exortam os fiéis a manter as tradições que aprenderam, seja oralmente, seja por carta (cf. 2Ts 2,15), e a combater pela fé que se lhes transmitiu uma vez para sempre (cf. Jd 3)" (*DV* 8, 1). A pregação apostólica é "expressa de um modo especial nos livros inspirados" (*DV* 8).

24. A Sagrada Escritura é a Palavra de Deus enquanto é redigida sob a moção do Espírito Santo (cf. *DV* 9). A Sagrada Tradição, por sua vez, transmite integralmente aos sucessores dos apóstolos a Palavra de Deus confiada por Cristo Senhor e pelo Espírito Santo aos apóstolos para que, sob a luz do Espírito da Verdade, eles por sua pregação fielmente a conservem, exponham e difundam; resulta assim que não é através da Escritura apenas que a Igreja deriva sua certeza a respeito de tudo o que revelado (cf. *DV* 9). "A Sagrada Tradição e a Sagrada Escritura constituem um só sagrado depósito da Palavra de Deus, confiado à Igreja" (*DV* 10, 1). O ofício de interpretar autenticamente a Palavra de Deus escrita ou transmitida foi confiado unicamente ao Magistério vivo da Igreja, cuja autoridade, exercida em nome de Jesus Cristo, não está acima da

Palavra de Deus, mas a seu serviço. O Magistério, por mandato divino e com a assistência do Espírito Santo, piamente ausculta essa Palavra, santamente a guarda e fielmente a expõe (cf. *DV* 10, 2). Para que seja permanente o diálogo de Deus com a Igreja, a Nova Aliança se expressa e se realiza de modo sublime na Palavra da Escritura e na celebração da liturgia (cf. *DV* 8, 3). "Os bispos e os fiéis colaboram estreitamente na conservação, exercício e profissão da fé transmitida" (*DV* 10, 1). Não só o Magistério é portador da Tradição, mas todos aqueles que "contribuem para santamente conduzir a vida e fazer crescer a fé do Povo de Deus" (cf. *DV* 8, 1). A compreensão do depósito da fé cresce também pelo sincero trabalho dos catequistas e pelo vigor da teologia, em união com os pastores. Assim, "pelo Espírito Santo a voz viva do Evangelho ressoa na Igreja e através dela no mundo" (*DV* 8, 3).

25. Ao tesouro da *Tradição* pertence também o testemunho dos que ouviram e vivenciaram essa Palavra transmitida de geração em geração (cf. 1Mc 12,9; Rm 15,4; 2Tm 3,16-17). A *Palavra de Deus*, assim amplamente entendida, está presente e ressoa na Tradição dos santos padres, no tesouro da liturgia, no Magistério dos pastores, no testemunho dos mártires e na vida dos santos, no trabalho dos missionários, na religiosidade do povo, na caridade viva dos cristãos... (cf. *DGC* 95). É essa *Palavra*

que ilumina nossa existência e continua sendo o caminho da Revelação de Deus para nós hoje. Por isso, a fonte da evangelização e catequese é a *Palavra de Deus*. A Igreja transmite e esclarece os fatos e palavras da Revelação e, à sua luz, interpreta os sinais dos tempos e a nossa vida nos quais se realiza o desígnio salvífico de Deus (cf. *DGC* 39), para que "o mundo ouvindo creia, crendo espere e esperando ame" (*DV* 1 citando santo Agostinho).

26. Deus na Sagrada Escritura falou através de homens e mulheres, e de modo humano. A catequese tem como tarefa proporcionar a todos o entendimento claro e profundo de tudo o que Deus nos quis transmitir: investigar com seriedade e entender o que os escritores sagrados escreveram para manifestar o que Deus nos quer falar. É importante conhecer as circunstâncias, o tempo, a cultura, os modos de se expressar para comunicar. O mais importante para esse entendimento da Palavra de Deus e sua vivência é ler a Sagrada Escritura naquele mesmo Espírito em que foi escrita: é o Espírito Santo quem ajuda a apreender com exatidão o sentido dos textos sagrados e seu conteúdo (cf. *DV* 12).

27. A catequese é um dos meios pelos quais Deus continua hoje a se manifestar às pessoas. Ela atualiza a Revelação acontecida no passado. O catequista experimenta a Palavra de Deus em sua boca, à medida que, servindo-se da Sagrada Escritura e dos

ensinamentos da Igreja, vivendo e testemunhando sua fé na comunidade e no mundo, transmite para seus irmãos essa experiência de Deus. "A fidelidade a Deus se expressa na catequese como fidelidade à palavra outorgada em Jesus Cristo. O catequista não prega a si mesmo, mas a Jesus Cristo, sendo fiel à Palavra e à integridade de sua mensagem" (*P* 954). Ele é também um *profeta*, pois faz ecoar a Palavra de Deus na comunidade, tornando-a compreensível. Catequese (*katá-ekhein*, em grego) significa ressoar; a Igreja dá-lhe o sentido de ressoar a *Palavra de Deus hoje* (cf. *CR* 31).

28. A Revelação é de iniciativa divina; a nós compete a resposta da fé, adesão livre e obediente à "Boa-Nova da graça de Deus" (cf. Fl 2,16; 1Ts 2,8; At 15,26; At 20,24), com pleno assentimento da vontade e da inteligência. Guiados pela fé, dom do Espírito Santo, chegamos a contemplar e experimentar, na consciência, na liturgia e na vida, o Deus de amor, revelado em Cristo Jesus (cf. *DGC* 15b).

3. Evangelização e catequese

29. O desafio da Igreja é a *evangelização* do mundo de hoje, mesmo em territórios onde a Igreja já se encontra implantada há mais tempo. Nossa realidade pede uma nova evangelização. A catequese coloca-se dentro dessa perspectiva evangelizadora,

mostrando uma grande paixão pelo anúncio do Evangelho.

3.1. Primeiro anúncio e catequese

3.1.1. Primeiro anúncio e evangelização

30. A Igreja "existe para evangelizar", isto é, para anunciar a Boa Notícia do Reino, proclamado e realizado em Jesus Cristo (cf. *EN* 14): é sua graça e vocação própria. O centro do *primeiro anúncio* (querigma) é a pessoa de Jesus, proclamando o Reino como uma nova e definitiva intervenção de Deus que salva com um poder superior àquele que utilizou na criação do mundo.[3] Essa Salvação "é o grande dom de Deus, libertação de tudo aquilo que oprime a pessoa humana, sobretudo do pecado e do Maligno, na alegria de conhecer a Deus e ser por Ele conhecido, de o ver e se entregar a Ele" (*EN* 9; *DGC* 101). Transmitindo a mensagem do Reino, a catequese a desenvolve, aprofunda e mostra suas repercussões para as pessoas e para o mundo (cf. *CT* 25).

31. Na explicitação do *primeiro anúncio* querigmático, sublinham-se os seguintes elementos essenciais (cf. *DGC* 102):

---

[3] "[...] o sacrifício de Cristo, nossa Páscoa, na plenitude dos tempos ultrapassa em grandeza a criação do mundo realizada no princípio" (*Missal Romano – Vigília Pascal*, oração após a 1ª leitura; citado no *DGC* 101, nota 33).

a) em Jesus, que anuncia a chegada do Reino, Deus se mostra Pai amoroso. Na vida e mistério pascal de Jesus, o Pai o revela como seu único Filho eterno, feito homem no qual o Reino já está realmente presente;

b) a Salvação, em Jesus, consiste na acolhida e comunhão com Deus, como Pai, no dom da filiação divina que gera fraternidade. É uma Salvação integral que começa aqui e se projeta na eternidade;

c) Deus, que nos criou sem nós, não quer salvar-nos sem nossa participação e responsabilidade (cf. santo Agostinho): somos chamados à conversão e a crer no Evangelho do Reino, que é um Reino de justiça, amor e paz, e à luz do qual seremos julgados;

d) o Reino que se inaugura em Jesus, constituído Senhor por seu mistério pascal, já está presente em mistério aqui na terra e será levado à plena realização quando se manifestar na glória (cf. *GS* 39);

e) a Igreja, comunidade dos que crêem em Jesus, constitui o germe e o início desse Reino, que, como fermento na massa ou pequena semente, torna-se imensa árvore, vai crescendo e se expressando na cultura dos povos, no diálogo com eles;

f) nossa vida e história não caminham para o nada, mas, em seus aspectos de graça e pecado, são assumidas por Deus para serem transformadas no futuro glorioso no qual Deus será tudo em todos (cf. 1Cor 15,28; Cl 3,11; Rm 9,5): essa é a nossa feliz esperança.

32. Além de significar o *primeiro anúncio* ou *anúncio missionário* com o objetivo de converter quem não é cristão, *evangelização* tem um sentido mais amplo: é tudo o que a Igreja realiza para suscitar e alimentar a fé dos fiéis e para transformar o mundo à luz dos valores do Reino de Deus (cf. *GS* 39, 89 e 91). A evangelização implica não apenas o anúncio do Evangelho por palavras, mas também a vida e ação da Igreja; envolve os gestos sacramentais, dentro da comunidade viva que celebra o mistério do amor do Pai em Cristo, no Espírito Santo; implica também a promoção da justiça e da libertação; apresenta-se não apenas como caminho que vai da comunidade cristã para o mundo, mas também como acontecimento no mundo, dentro do qual Deus continua sua obra salvífica.

3.1.2. Catequese e evangelização

33. A evangelização é uma realidade rica, complexa e dinâmica, que compreende momentos essenciais, e diferentes entre si (cf. *CT* 18 e 20; *DGC* 63): o *primeiro* momento é o anúncio de Jesus Cristo (querigma); a catequese, um desses "momentos essenciais", é o *segundo*, dando-lhe continuidade. Sua finalidade é aprofundar e amadurecer a fé,

educando o convertido para que se incorpore à comunidade cristã. A catequese sempre supõe a primeira evangelização. Por sua vez, à catequese segue-se o *terceiro* momento: a *ação pastoral* para os fiéis já iniciados na fé, no seio da comunidade cristã (cf. *DGC* 49), através da *formação continuada*.[4] Catequese e ação pastoral se impregnam do ardor missionário, visando à adesão mais plena a Jesus Cristo. A atividade da Igreja, de modo especial a catequese, traduz sempre a mística missionária que animava os primeiros cristãos. A catequese exige conversão interior e contínuo retorno ao núcleo do Evangelho (querigma), ou seja, ao mistério de Jesus Cristo em sua Páscoa libertadora, vivida e celebrada continuamente na liturgia. Sem isso, ela deixa de produzir os frutos desejados. Toda ação da Igreja leva ao seguimento mais intenso de Jesus (cf. *CR* 64) e ao compromisso com seu projeto missionário.

3.2. CONVERSÃO, SEGUIMENTO, DISCIPULADO, COMUNIDADE

34. O fruto da evangelização e catequese é o fazer discípulos: acolher a Palavra, aceitar Deus na

---

[4] Para maior esclarecimento e aprofundamento dos conceitos de *evangelização, catequese, ação pastoral, iniciação cristã, formação continuada, catecumenato* etc., pode-se consultar CNBB, *Com adultos catequese adulta*, Estudos da CNBB 80, 2001, cap. IV, nn. 86-124. Sobre a "originalidade da pedagogia da fé", cf. abaixo 146-149.

própria vida, como dom da fé. Há certas condições da nossa parte, que se resumem em duas palavras evangélicas: *conversão e seguimento*. A fé é como uma caminhada, conduzida pelo Espírito Santo, a partir de uma opção de vida e uma adesão pessoal a Deus, através de Jesus Cristo, e ao seu projeto para o mundo. Isso supõe também a aceitação intelectual, o conhecimento da mensagem de Jesus. O seguimento de Jesus Cristo realiza-se, porém, na comunidade fraterna. O discipulado, que é o aprofundamento do seguimento, implica renúncia a tudo o que se opõe ao projeto de Deus e que diminui a pessoa. Leva à proximidade e intimidade com Jesus Cristo e ao compromisso com a comunidade e com a missão (cf. *CR* 64-65; *AS* 127c).

4. Nova compreensão do ministério da catequese

4.1. Catequese a serviço da iniciação cristã

35. No início do cristianismo, a catequese era o período em que se estruturava a conversão. Os já evangelizados eram *iniciados* no mistério da Salvação e em um estilo evangélico de ser: experiência de vida cristã, ensinamento sistematizado, mudança de vida, crescimento na comunidade, constância na oração, alegre celebração da fé e engajamento missionário. Esse longo processo de *iniciação*,

chamado catecumenato, se concluía com a imersão no mistério pascal através dos três grandes sacramentos: Batismo, Confirmação e Eucaristia. A catequese estava, pois, a serviço da iniciação cristã.

36. A situação do mundo atual levou a Igreja no Vaticano II a propor a restauração do catecumenato (cf. *SC* 64; *CD* 14; cf. *AG* 14). O Batismo de crianças, que as introduz na vida da graça, exige uma continuação, uma iniciação vivencial nos mistérios da fé (a pessoa de Jesus, a Igreja, a liturgia, os sacramentos) através da catequese. Esse processo catequético possibilita também aos já batizados (adultos, jovens, crianças) assumir conscientemente a própria vida cristã. Para os não-batizados, a catequese se apresenta como processo catecumenal para a vida cristã (cf. *CR* 65; *DGC* 64).

4.1.1. O significado de iniciação no processo catequético

37. A *iniciação* possui uma raiz antiqüíssima nas culturas humanas. Elas a valorizavam muito, sobretudo nos ritos de passagem e pertença (batismo, circuncisão, ablação, casamento, desafios perigosos etc.), com destaque para a entrada na vida adulta. Nossa sociedade perdeu, quase por completo, esse elemento cultural, permanecendo alguns resquí-

cios (festa das debutantes, rituais de acolhida em certos grupos, o recebimento dos calouros etc.). O noviciado permanece hoje com características de iniciação à vida religiosa. A iniciação consistia num processo a ser percorrido, com metas, exercícios e ritos. Considerada como parte da iniciação cristã (cf. *AG* 14; *RICA* 19), a catequese não é uma supérflua introdução na fé, um verniz ou um cursinho de admissão à Igreja. É um processo exigente, um itinerário prolongado de preparação e compreensão vital, de acolhimento dos grandes segredos da fé (mistérios), da vida nova revelada em Cristo Jesus e celebrada na liturgia.

4.1.2. Exigências da iniciação à vida cristã

38. A catequese, como elemento importante da iniciação à vida cristã, implica um longo processo vital de introdução dos cristãos ainda não plenamente iniciados, seja qual for a sua idade, nos diversos aspectos essenciais da fé cristã. Trata, de forma sistemática, de um todo elementar e coerente, que forneça base sólida para a caminhada "rumo à maturidade em Cristo" (cf. Ef 4,13), com as seguintes dimensões, interligadas entre si:

    a) descoberta de si mesmo (*dimensão antropológica ou tornar-se pessoa* na ótica da fé);

b) experiência de Deus (*dimensão afetivo-interpretativa*);

c) anúncio e adesão a Jesus Cristo (*dimensão cristológica*);

d) vida no Espírito (*dimensão pneumatológica*);

e) celebração litúrgica e oração (*dimensão celebrativa*);

f) participação na comunidade (*dimensão comunitário-participativa*);

g) interação fé e vida, e serviço fraterno, de acordo com os valores do Reino (*dimensão sociotransformadora e inculturada*);

h) a formulação da fé (*dimensão intelectual ou doutrinal*);

i) o diálogo com outros caminhos e tradições espirituais (*dimensão ecumênica e de diálogo inter-religioso*);

j) o relacionamento de cuidado com o cosmo (*dimensão ecológica ou cósmica*).

4.2. Natureza da catequese

39. A catequese é, em primeiro lugar, uma *ação eclesial*: a Igreja transmite a fé que ela mesma vive, e o catequista é um porta-voz da comunidade e não de uma doutrina pessoal (cf. *CR* 145). Ela transmite o tesouro da fé (*traditio*) que, uma vez recebido, vivido e crescido no coração do catequizando, enri-

quece a própria Igreja (*redditio*).⁵ Ela, ao transmitir a fé, gera filhos pela ação do Espírito Santo e os educa maternalmente (cf. *DGC* 78-79). A catequese faz parte do ministério da Palavra e do profetismo eclesial. O catequista é um autêntico profeta, pois pronuncia a Palavra de Deus, na força do Espírito Santo. Fiel à pedagogia divina, a catequese ilumina e revela o sentido da vida.

40. A catequese possui algumas características fundamentais:

   a) ser um aprendizado dinâmico da vida cristã, uma iniciação integral que favoreça o seguimento de Jesus Cristo;

   b) fornecer uma formação de base essencial, centrada naquilo que constitui o núcleo da experiência cristã (a fé, a celebração e a vivência da Páscoa de Jesus), lançando os fundamentos do edifício espiritual do cristão (cf. 1Cor 3,10-18; Is 28,16; 1Pd 2,4; 2Cor 6,16);

   c) possibilitar a incorporação na comunidade cristã: nela, a catequese vai além do ensino, põe em

---

⁵ No *catecumenato primitivo*, a *traditio* era o rito da *entrega* do Pai-Nosso e do Credo ao catecúmeno, e a *redditio* consistia numa espécie de avaliação, pela qual o catecúmeno demonstrava a assimilação do conteúdo da fé. Aqui os dois termos são tomados em seu sentido figurado, conforme se diz no texto; significa também que a Igreja, transmitindo os tesouros da sua mensagem às diversas culturas (*traditio*), enriquece o próprio "depósito da fé" com novas expressões (*redditio*), ou seja, encarna-se nestas culturas (inculturação: cf. 49d, abaixo).

prática a dinâmica do encontro com Jesus Cristo vivo e da experiência do Evangelho, celebra e alimenta a fé nas celebrações e na liturgia;

d) proporcionar formação orgânica e sistemática da fé;

e) desenvolver o compromisso missionário, inerente à ação do Espírito Santo, para o estabelecimento do Reino de Deus no coração das pessoas, em suas relações interpessoais e na organização da sociedade;

f) fomentar o diálogo com outras experiências eclesiais (ecumenismo), religiosas (diálogo inter-religioso) e com o mundo, testemunhando a convivência fraterna com o diferente;

g) despertar o compromisso com a ação sociotransformadora à luz da Palavra de Deus e dos ensinamentos da Igreja.

41. Por ser educação orgânica e sistemática da fé, a catequese se concentra naquilo que é comum para o cristão, educa para a vida de comunidade, celebra e testemunha o compromisso com Jesus. Ela exerce, portanto, ao mesmo tempo, as tarefas de iniciação, educação e instrução (cf. *DGC* 68). É um processo de educação gradual e progressivo, respeitando os ritmos de crescimento de cada um.

42. A catequese possui forte *dimensão antropológica*. E, por isso, ela precisa assumir as angústias e esperanças das pessoas, para oferecer-lhes as

possibilidades da libertação plena trazida por Jesus Cristo. Nessa perspectiva, as situações históricas e as aspirações autenticamente humanas são parte indispensável do conteúdo da catequese. Elas devem ser interpretadas seriamente, dentro de seu contexto, a partir das experiências vivenciais do povo de Israel, à luz de Cristo e na comunidade eclesial, na qual o Espírito de Cristo ressuscitado vive e opera continuamente (cf. *Medellín*, Cat. 6; *CR* 70, 116).

4.3. FINALIDADE DA CATEQUESE

43. A finalidade da catequese é aprofundar o primeiro anúncio do Evangelho: levar o catequizando a conhecer, acolher, celebrar e vivenciar o mistério de Deus, manifestado em Jesus Cristo, que nos revela o Pai e nos envia o Espírito Santo. Conduz à entrega do coração a Deus, à comunhão com a Igreja, corpo de Cristo (cf. *DGC* 80-81; *Catecismo* 426-429), e à participação em sua missão.

44. A dimensão eclesial é essencial à fé cristã (cf. *LG* 9): cada batizado professa individualmente a fé, explicitada no Credo apostólico chamado "Símbolo", pois manifesta a identidade de nosso compromisso cristão. Mas cada um recebe, professa, alimenta e vive essa fé na Igreja e através dela. "O Creio e o Cremos se implicam mutuamente. Ao fundir a sua confissão com a confissão da Igreja, o cristão

é incorporado à sua missão: *ser sacramento de Salvação* para a vida do mundo. Quem proclama a profissão de fé assume compromissos que, não poucas vezes, atrairão a perseguição. Na história cristã, os mártires são os anunciadores e as testemunhas por excelência" (*DGC* 83).

4.4. A CATEQUESE INSPIRADA NO PROCESSO CATECUMENAL

45. Os que recebem a catequese são chamados de "catequizandos", se já receberam o Batismo, e de "catecúmenos", quando se preparam para receber esse sacramento (cf. *DGC* 90, nota 60; 16, 29, 66 etc.). Para todos a catequese quer garantir uma formação integral, num processo em que estejam presentes a dimensão celebrativo-litúrgica da fé, a conversão para atitudes e comportamentos cristãos e o ensino da doutrina (cf. *DGC* 29, 88, 89): é a inspiração catecumenal que deve iluminar qualquer processo catequético.

46. A inspiração catecumenal, que remonta ao início da Igreja e à época dos Santos Padres, é uma ação gradual e se desenvolve em quatro tempos, como é apresentado no *Ritual de Iniciação Cristã de Adultos* (nn. 6-7: *DGC* 88):
    a) o *pré-catecumenato*: é o momento do primeiro anúncio, em vista da conversão, quando se explicita o *querigma* (primeira evangelização)

e se estabelecem os primeiros contatos com a comunidade cristã (cf. *RICA* 9-13);

b) o *catecumenato* propriamente dito: é destinado à catequese integral, à entrega dos evangelhos, à prática da vida cristã, às celebrações e ao testemunho da fé (cf. *RICA* 14-20);

c) o tempo da *purificação* e *iluminação*: é dedicado a preparar mais intensamente o espírito e o coração do catecúmeno, intensificando a conversão e a vida interior (cf. *RICA* 21-26); nesta fase recebem o Pai-Nosso e o Credo; no final recebem os sacramentos da iniciação: Batismo, Confirmação e Eucaristia (cf. *RICA* 27-36);

d) o tempo da *mistagogia*: visa ao progresso no conhecimento do mistério pascal através de novas explanações, sobretudo da experiência dos sacramentos recebidos, e ao começo da participação integral na comunidade (cf. *RICA* 37-40).

47. A formação propriamente catecumenal, conforme a mais antiga tradição, realiza-se através da narração das experiências de Deus, particularmente da História da Salvação mediante a *catequese bíblica*. A preparação imediata ao Batismo é feita por meio da *catequese doutrinal*, que explica o *Símbolo Apostólico* e o *Pai-Nosso*, com suas implicações morais. Esse processo é acompanhado de ritos e escrutínios.

A etapa que vem depois dos sacramentos de iniciação, mediante a *catequese mistagógica*, ajuda os neobatizados a impregnar-se dos sacramentos e a incorporar-se na comunidade (cf. *DGC* 89; cf. *CR* 222).

48. Essas etapas da tradição catecumenal pré-batismal inspiram também todo e qualquer tipo de catequese pós-batismal. Porém, entre catequizandos e catecúmenos, e entre *catequese pós-batismal* e *catequese pré-batismal*, existe uma diferença fundamental: os primeiros já foram introduzidos na Igreja, mergulhados em Cristo por meio do Batismo. Sua conversão se fundamenta, portanto, nesse Batismo já recebido, cuja graça devem desenvolver (cf. *RICA* 295; *DGC* 90).

49. Diante dessa substancial diferença, é preciso ter presentes estes elementos do catecumenato batismal: eles são fonte de inspiração para a catequese pós-batismal (cf. *DGC* 91):

a) O catecumenato batismal recorda constantemente à Igreja a importância fundamental da *função da iniciação à vida cristã*, que envolve "o anúncio da Palavra, o acolhimento do Evangelho, acarretando uma conversão, a profissão de fé, o Batismo, a efusão do Espírito Santo, o acesso à Comunhão Eucarística" (*CDC* 1229). A *pastoral de iniciação cristã* é vital para a Igreja particular.

b) O catecumenato batismal é responsabilidade da *comunidade cristã*. De fato, tal iniciação cristã deve ser obra não apenas dos catequistas e dos presbíteros, mas também da comunidade de fiéis e, sobretudo, dos padrinhos (cf. *AG* 14d). A instituição catecumenal incrementa assim, na Igreja, a consciência da sua maternidade espiritual.

c) O catecumenato batismal é impregnado pelo mistério da *Páscoa de Cristo*. Por isso, "toda iniciação deve ter caráter pascal" (*RICA* 8). A Vigília pascal, centro da liturgia cristã, e a espiritualidade batismal são inspiração para qualquer processo catequético.

d) O catecumenato batismal é lugar privilegiado de *inculturação*.[6] Seguindo o exemplo da Encarnação do Filho de Deus, que, assumindo nossa realidade, foi em tudo semelhante a nós, menos no pecado (cf. Hb 4,15), a Igreja acolhe os catecúmenos integralmente, com os seus vínculos culturais, purificados à luz do Evangelho. A ação catequizadora participa dessa função de incorporar na catolicidade da Igreja as autênticas "sementes da Palavra", disseminadas nos indivíduos e nos povos.

e) A concepção do catecumenato batismal, como *processo formativo e verdadeira escola de fé*,

---

[6] Cf. acima 30, nota 15.

oferece à catequese pós-batismal uma dinâmica e algumas notas qualificativas: a intensidade e a integridade da formação; o seu caráter gradual, com etapas definidas; a sua vinculação com ritos, símbolos e sinais, especialmente bíblicos e litúrgicos; a sua constante referência à comunidade eclesial. A catequese pós-batismal não precisa reproduzir ao pé da letra o catecumenato batismal. Porém, reconhecendo aos catequizandos a sua realidade de batizados, inspira-se nessa "escola preparatória à vida cristã", deixando-se fecundar pelos seus principais elementos.

50. A catequese não prepara simplesmente para este ou aquele sacramento. O sacramento é uma conseqüência de uma adesão à proposta do Reino, vivida na Igreja. Nosso processo de crescimento da fé é permanente; os sacramentos alimentam esse processo e têm conseqüências na vida. Diante da importância de assumir uma catequese de feição catecumenal, é necessário rever, profundamente, não apenas os "cursos de Batismo e de noivos" e outros semelhantes, mas todo o processo de catequese em nossa Igreja, para que se pautem pelo modelo do catecumenato.

4.5. A COMUNIDADE: FONTE, LUGAR E META DA CATEQUESE

51. Jesus deixou na história uma comunidade viva, a Igreja, para dar continuidade à sua missão salvífica.

Paulo a define como "uma carta de Cristo, redigida por nosso intermédio, escrita não com tinta, mas com o Espírito de Deus vivo, não em tábuas de pedra, mas em tábuas de carne, os corações!" (2Cor 3,3). A comunidade eclesial conserva a memória de Jesus, suas palavras e gestos, particularmente os sacramentos, a oração, o compromisso com o Reino, a opção pelos pobres. Nela se originam diferentes modelos de santidade, espiritualidade, transformação cristã da civilização e da cultura (cf. *CR* 57-58).

52. Por isso, o lugar ou ambiente normal da catequese é a *comunidade eclesial*. Onde há uma verdadeira comunidade cristã, ela se torna uma *fonte viva* da catequese, pois a fé não é uma teoria, mas uma realidade vivida pelos membros da comunidade. Nesse sentido ela é o verdadeiro *audiovisual* da catequese. Por outro lado, ao educar para viver a fé em comunidade, esta se torna, também, uma das *metas* da catequese. O verdadeiro ideal da catequese é desenvolver o processo da educação da fé, através da interação de três elementos: o catequizando, a caminhada da comunidade e a mensagem evangélica (cf. *CR* IV parte; cf. abaixo 155 e 185). Quando não há comunidade, os catequistas, obviamente, ajudam a construí-la (cf. *CR* 311-316).

4.6. Tarefas da catequese

53. Em virtude de sua própria dinâmica interna, a fé precisa ser *conhecida, celebrada, vivida e cultivada na oração*. E como ela deve ser vivida em comunidade e anunciada na missão, precisa ser *compartilhada*, *testemunhada* e *anunciada*. A catequese tem, portanto, as seguintes tarefas (cf. *DGC* 85-87):

a) *Conhecimento da fé*: a catequese introduz o cristão no conhecimento do próprio Jesus, das Escrituras Sagradas, da Igreja, da Tradição e das fórmulas da fé, particularmente do *Credo Apostólico*. E, nesse sentido, as *fórmulas doutrinais* ajudam no aprofundamento do mistério cristão: é a dimensão doutrinal da catequese.

b) *Iniciação litúrgica*: para realizar a sua obra salvífica, Cristo está presente em sua Igreja, sobretudo nas ações litúrgicas (*SC* 7). É tarefa da catequese introduzir no significado e participação ativa, interna e externa, consciente, plena e frutuosa dos mistérios (sacramentos), celebrações, sinais, símbolos, ritos, orações e outras formas litúrgicas. Na catequese primitiva era importante essa introdução no sentido pleno dos sinais e símbolos litúrgicos (*mistagogia*). Além do mais, a liturgia, por sua própria natureza, possui uma dimensão catequética. A catequese deve ser realizada em harmonia com o ano litúrgico.[7]

c) *Formação moral*: uma tarefa importante da catequese é educar a consciência, atitudes, espírito e projeto de vida segundo Jesus. As bem-aventuranças e os mandamentos, lidos e praticados à luz do Evangelho, e com suas conseqüências éticas e morais, tanto pessoais como sociais, fazem parte do conteúdo essencial da educação para as atitudes cristãs, como discípulos e discípulas de Jesus Cristo (cf. Mt 5,3-12; Ex 19; Dt 5,6-21; Mt 25,31-46). A formação para o sacramento da Penitência contribui para a formação moral. A coerência da vida dos cristãos com sua fé é sinal de eficácia da evangelização. Somente essa coerência poderá evitar os desvios do materialismo, consumismo, hedonismo e relativismo, e superar as "estruturas geradoras de injustiças" e outras formas impostas a um povo de tradição cristã. É preciso mostrar que a religião, especialmente o cristianismo, é fermento de libertação da pessoa e de transformação da sociedade (cf. *DGAE* 193).

d) *Vida de oração*: cabe à catequese ensinar a rezar por, com e em Cristo, com os mesmos sentimentos e disposições com os quais Ele se

---

[7] Esse tema será aprofundado mais à frente, 118-122.

dirige ao Pai: adoração, louvor, agradecimento, confiança, súplica, contemplação. O *Pai-Nosso* é o modelo acabado da oração cristã (cf. Lc 11,1-4; Mt 6,9-13). O catecumenato, conforme o *RICA*, prevê a entrega do livro da *Palavra de Deus*, do *Credo* e do *Pai-Nosso*. A vida cristã atinge mais profundidade se é permeada por um clima de oração, que tem seu cume na liturgia. A catequese torna-se estéril e infrutífera se reduzida a um simples estudo ou mera reflexão doutrinal.

e) *Vida comunitária*: se a fé pode ser vivida em plenitude somente dentro da comunidade eclesial, é necessário que a catequese cuide com carinho dessa dimensão. Os evangelhos ensinam algumas atitudes importantes para a vida comunitária: simplicidade e humildade, solicitude pelos pequenos, atenção para os que erram ou se afastam, correção fraterna, oração em comum, amor fraterno, partilha de bens (cf. At 2,42-47; 4,32-35). O ecumenismo e o diálogo inter-religioso também fazem parte dessa educação para a vivência em comunidade.

f) *Testemunho*: a missão do cristão é levar, à sociedade de hoje, a certeza de que a verdade sobre o ser humano só se revela plenamente no mistério do Verbo encarnado. O testemunho de santidade tornará esse anúncio plenamente digno de fé (*DGAE* 81).

g) *Missão*: o verdadeiro discípulo de Jesus é missionário do Reino. "As comunidades eclesiais tenham viva consciência de que 'aquilo que uma vez foi pregado pelo Senhor' deve ser proclamado e espalhado até os confins da terra" (*DGAE* 25). Não há, portanto, autêntica catequese sem iniciação à missão, inclusive além-fronteiras, como parte essencial da vocação cristã.

5. Educação religiosa nas escolas

5.1. Ensino Religioso Escolar distinto da catequese

54. Tradicionalmente a educação escolar era considerada, entre outras coisas, um âmbito privilegiado para a catequese. A sociedade evoluiu para o pluralismo religioso e, também, para uma generalizada secularização dos ambientes públicos e dos costumes. Nesse contexto o *Ensino Religioso Escolar* (ERE) no Brasil, reconhecido oficialmente,[8] está construindo uma epistemologia própria. A Igreja reconhece que "a relação entre ensino religioso na escola e a catequese é uma relação de distinção e de complementaridade" (*DGC* 73). "Há um nexo indivisível

---

[8] *Lei de Diretrizes e Bases*, de 20 de dezembro de 1996, Lei 9394/96, artigo 33, substituído pela Lei 9.475/97 de julho de 1997 sobre o Ensino Religioso.

e, ao mesmo tempo, uma clara distinção entre ensino da religião e a catequese" (*CR* 124-125; cf. *DGC* 76). Considerando as mais diversas variantes na situação dos alunos, e do seu contexto social e eclesial, urge proceder com realismo e prudência na aplicação das orientações gerais da Igreja particular e da Conferência dos Bispos (cf. *DGC* 76).

55. A situação do ERE é distinta nos vários Estados: de caráter antropológico (cultura religiosa), ecumênico, inter-religioso e confessional. João Paulo II, falando às Conferências Episcopais da Europa, afirma que os alunos "têm o direito de aprender, de modo verdadeiro e com certeza, a religião à qual pertencem. Não pode ser desatendido esse seu direito a conhecer mais profundamente a pessoa de Cristo e a totalidade do anúncio salvífico que Ele trouxe. O caráter confessional do Ensino Religioso Escolar, realizado pela Igreja segundo modos e formas estabelecidas em cada país, é, portanto, uma garantia indispensável oferecida às famílias e aos alunos que escolhem tal ensino" (*DGC* 74). As dioceses empenhem-se na formação de profissionais para o exercício do Ensino Religioso Escolar.

5.2. O TESTEMUNHO DOS PROFISSIONAIS CATÓLICOS NA EDUCAÇÃO

56. Os cristãos mantenedores de escolas por causa da fé, ou que atuam como profissionais nas escolas,

permanecem, obviamente, com a missão de evangelizar através do testemunho, da competência profissional e do diálogo entre ciência e fé, como o propõe o documento *O leigo católico, testemunha da fé na Escola*.[9]

5.3. Escola católica

57. Nas escolas católicas existe um imenso *campo de evangelização* através principalmente de seu projeto educativo. A escola leva os valores e o anúncio de Jesus Cristo, não só através de uma disciplina ou matéria, no caso, o ERE, mas principalmente através da estrutura escolar, em particular pelo testemunho da comunidade educativa e do projeto pedagógico, à medida que diretores, professores, pais e alunos — todos os que compõem a comunidade educativa — vivem efetivamente a fé cristã, desempenham com competência humana seu papel profissional e existencialmente assumem um projeto educativo autenticamente cristão. As diversas iniciativas pastorais no âmbito escolar, respeitando as diferentes origens e opções religiosas dos alunos e as orientações da Igreja, manifestam claramente a identidade católica dessas escolas, e sempre em comunhão com a pastoral orgânica da Igreja (cf. *DGC* 259).

---

[9] Congregação para a Educação Católica. *O leigo católico, testemunha da fé na escola.* Brasília, s.n., 1982. (Caderno da AEC do Brasil, 16.)

58. Para a escola católica, há também um nexo e ao mesmo tempo uma distinção entre *Ensino Religioso Escolar* e *catequese*. A educação religiosa possui sua natureza própria, diferente da catequese, proporcionando a educação da religiosidade dos alunos, o conhecimento das diversas expressões religiosas, sobretudo do cristianismo, preparando-os para o respeito ao diferente e dando uma especial atenção ao estudo objetivo da mensagem evangélica. A educação religiosa deve penetrar no âmbito da cultura e relacionar-se com as outras formas do saber humano. "Como forma original do ministério da Palavra, o ensino religioso torna presente o Evangelho no processo pessoal da assimilação sistemática e crítica da cultura" (*DGC* 73). A escola católica continua sendo um âmbito privilegiado para esse processo educativo (cf. *AS* 133). Nela acontece o exercício da convivência solidária entre diferentes opções religiosas e, também, o exercício do ecumenismo, do diálogo religioso e do diálogo entre cultura e fé religiosa.

Capítulo 3

CATEQUESE CONTEXTUALIZADA: HISTÓRIA E REALIDADE

"O que nós ouvimos, o que aprendemos,
o que nossos pais nos contaram,
não ocultaremos a seus filhos;
mas vamos contar à geração seguinte [...]" (Sl 78,3-4 a).

1. A catequese na história e a história como lugar teológico[1]

1.1. A Igreja na história

59. A Igreja faz parte da história. Ela está situada no contexto social, econômico, político, cultural e religioso, marcado atualmente pela globalização neoliberal de mercado e pelo pluralismo. Em nos-

---

[1] Lugares teológicos *propriamente ditos* são aqueles fundamentos dos quais a Igreja recebe sua fé e a certeza dela: a Escritura, consenso universal da Igreja, o Magistério... Há escolas teológicas que falam de *lugares teológicos não propriamente ditos* (*loci theologici alieni* ou indiretos), que não são diretamente e de per si fonte da fé, mas o são indiretamente. Assim, a história pode ser lugar do mistério da iniquidade, mas também da manifestação do Deus justo, misericordioso e santo. A história não o manifesta por si só, mas à luz da Palavra de Deus.

sa complexa realidade brasileira, predomina uma matriz cultural cristã. O mandato missionário de Jesus (cf. Mc 16,15-16; Lc 24,47; At 2,38) coloca cada discípulo e a Igreja, em qualquer lugar, como sal, luz e fermento (cf. Mt 5,13-15; Mc 9,50; Lc 14,34-35; 1Cor 5,7-8). A catequese, como ministério da Igreja, leva em conta as situações específicas de cada lugar e as condições próprias de cada grupo de catequizandos.

1.2. Ser humano, um ser histórico

60. A história é lugar da caminhada de Deus com seu povo e do povo com Deus, embora nela se manifeste também o *mistério da iniqüidade.* Nela e por ela, e por vezes contra ela, Deus se revela e manifesta o que Ele quer ensinar e o que espera da humanidade. Jesus Cristo, o Filho de Deus, encarnou-se na realidade humana e num determinado contexto histórico, que condicionou sua vida, ensinamento e missão. Viveu, ensinou e nos salvou a partir da história e do que ela comporta, fazendo dela, marcada pela nova justiça e misericórdia, sinal da Salvação escatológica. A história, em sua ambigüidade, faz parte do conteúdo da catequese. O fiel, iniciado no mistério da Salvação, é chamado a assumir a missão de ajudar a construir a história, segundo o Reino de Deus.

61. À luz da fé, a Igreja perscruta os passos de Deus na história do Brasil. Somos um *povo pluriétnico e pluricultural*, com características variadas e que deixam marcas profundas na população das diversas regiões. Os primeiros habitantes, os indígenas, que durante milênios aqui viveram e que, em grande parte, não foram respeitados pelos colonizadores europeus, continuam ainda, na sua maioria, em situações dolorosas de isolamento, exploração e exclusão. Os vários grupos de origem afro, descendentes do regime de escravidão, multiplicaram-se em algumas regiões do país. Ora, esses filhos e filhas de Deus, sob muitos aspectos, não suficientemente assumidos na nação brasileira, constituem um desafio especial à missão da Igreja, que não os levou devidamente em conta em sua missão. A esses há que se acrescentarem diversos grupos europeus, asiáticos, latino-americanos e caribenhos, vindos para cá, e que necessitam da presença evangelizadora da Igreja.

62. A catequese tem também a missão de superar o racismo, a discriminação de gênero e de posição econômica e social, colaborando para a promoção da solidariedade.

1.3. Encarnar-se na história

63. As etapas da história do Brasil, com as idéias que as dominaram e a ação do cristianismo em cada uma

delas, fundamentam a matriz cultural do Brasil de hoje, rural e urbano. Um novo desafio para a Igreja atualmente é o fenômeno da globalização.

64. A catequese não pode ser desencarnada da história. Sua missão é, também, contribuir para a formação de cristãos como cidadãos, justos, solidários e fraternos, co-responsáveis pela pátria comum e pelo planeta terra. Nesse sentido, buscando a dinâmica da inculturação, cabe à catequese adaptar-se aos diversos grupos humanos (negros, indígenas, mestiços, adultos, jovens, adolescentes, crianças, idosos, homens, mulheres, pessoas com deficiência), em suas diferentes situações: cidade, periferias, campo, litoral e outros.

2. A catequese na evangelização da América Latina, especialmente do Brasil

2.1. A CATEQUESE NA AMÉRICA LATINA

65. Antes mesmo de ter recebido dos missionários cristãos, a partir de 1492, a luz do Evangelho, o Espírito do Senhor já estava presente nas populações que habitavam o continente, posteriormente denominado América. Elas reconheciam, a seu modo, a presença de Deus criador na natureza e na vida e o cultuavam (cf. *P* 201, 401, 403). Essas "sementes da Palavra" facilitaram a missão evangelizadora dos cristãos que aqui chegaram (cf. *SD* 17).

66. Destaca-se, pastoralmente, na história da Igreja no continente, o III Concílio de Lima (1584), que deu grande valor à catequese. Ele fez publicar, em várias línguas indígenas, principalmente em quéchua, o manual *Doutrina Cristã* em dois volumes (*breve*, para iniciantes, e *maior*, para os mais avançados), no esquema do *Catecismo de Trento*: Credo, mandamentos, sacramentos e oração (Pai-Nosso). Entretanto, não teve êxito, pois foi sobreposto pelos catecismos doutrinais de Ripalda e Astete, importados da Espanha. No México foram confeccionados catecismos pictóricos. É preciso salientar a tarefa evangelizadora e catequética fundamental dos leigos. As mães, principalmente, foram responsáveis pela transmissão da fé.

67. Um salto qualitativo para a Igreja na América Latina aconteceu em 1955, no Rio de Janeiro, com a criação do Conselho Episcopal Latino-Americano (Celam), com seus encontros, estudos, documentos, assessorias, cursos e publicações. Marcam momentos decisivos as Conferências Gerais do Episcopado Latino-americano em Medellín, Puebla, e Santo Domingo. Tudo isso deu forte impulso renovador à catequese. Importante influência teve o *Departamento de Catequese* do Celam (Decat) com seus projetos de animação da catequese, escritos, semanas latino-americanas de catequese e outras

iniciativas.[2] É preciso destacar, em cada país, a atuação das Conferências Episcopais, os Institutos e Escolas para a formação de catequistas e as Semanas continentais, nacionais e locais de catequese.

2.2. A CATEQUESE NO BRASIL DOS INÍCIOS ATÉ O DOCUMENTO *CATEQUESE RENOVADA*

68. A história do Brasil se entrelaça com a história da Igreja. Também no Brasil a base se forma com a ação dos leigos católicos colonizadores, nas famílias e aldeias e, depois, com a ação dos missionários. Em 1532, fundaram-se as primeiras paróquias e, de 1538 a 1541, instalou-se a primeira missão formal em Santa Catarina por obra dos franciscanos. Em 1549, com o governador-geral, veio de Portugal o primeiro grupo de jesuítas.

69. Inicia-se, então, a implantação de uma *catequese institucionalizada* para os colonizadores portugueses, seguindo o modelo tridentino. Para os indígenas realizava-se uma *catequese missionária* bastante criativa, abandonando-se em pouco tempo a ajuda de intérpretes, já que os missionários decidiram aprender a língua local. Com a influência deles, aos poucos prevalece o uso de uma "língua geral".[3]

---

[2] Em julho de 1995 foi fundada a Sociedade de Catequetas Latino-americanos (SCALA).
[3] Aos missionários, sobretudo, impunha-se a grave obrigação de conhecer e usar bem as línguas indígenas, a ponto de poderem escrever livros e explicar

Os jesuítas escreveram catecismos nessas línguas e usaram a música, o teatro, a poesia, os autos e a dança ritual para a obra evangelizadora. Tanto nos colégios como na catequese indígena, predominava a metodologia da memorização e da tradição oral. Para os missionários, no dizer de Pe. Anchieta, "a questão da conversão dos índios não era doutrinária, mas uma questão de costumes".[4]

70. Dentre os missionários distinguiram-se o Pe. Manoel da Nóbrega, provincial, e, sobretudo, o bem-aventurado José de Anchieta. Ele escreveu textos catequéticos, teatros, gramáticas e poemas em quatro línguas (latim, português, castelhano e tupi-guarani), sendo ao mesmo tempo evangelizador, catequista, médico, artífice, pacificador, taumaturgo, mestre-escola, arquiteto: um missionário completo. Novas levas de missionários jesuítas chegaram ao Brasil nos anos seguintes, destacando-se entres eles o Pe. Antônio Vieira (1608-1697). Também outras ordens religiosas (franciscanos, capuchinhos, beneditinos, carmelitas, mercedários) se associaram à missão evangelizadora no Brasil. Os missionários

---

a doutrina cristã. Não poderia ser ordenado nenhum jesuíta que não soubesse línguas indígenas.

[4] LEITE, S. *Cartas do Brasil*. Coimbra, s.n., 1955. p. 12; cf. também ANCHIETA, J. de. *Cartas, informações*. Rio de Janeiro, Civilização Brasileira, 1933. pp. 419 e 435.

se preocupavam também com a *promoção humana e social* do indígena fortemente agredido pelos colonizadores.

71. A crueldade dos colonizadores em relação aos indígenas foi insistentemente denunciada por missionários, levando o Papa Urbano VIII a escrever a bula *Commissum Nobis*, em 1638, em defesa dos índios. Com menos intensidade, mas com zelo apostólico, fizeram-se esforços na evangelização dos negros que, numa situação anti-humana, sofriam a escravidão. A Igreja infelizmente não teve voz forte e decisiva para se opor à execrável instituição escravagista.

72. Mais tarde, as idéias que transformavam a Europa no século XVIII tiveram repercussão no Brasil, sobretudo o Iluminismo, os ideais da Revolução Francesa, o Mercantilismo e o Despotismo Esclarecido. Este último movimento teve influência no Brasil através do Marquês de Pombal (1699-1782). Suas medidas políticas afetaram a ação da Igreja, por causa da expulsão dos jesuítas (1759) e pela imposição do catecismo jansenista, que favorecia seus intentos de enfraquecer a Igreja. Esse texto favoreceu a subserviência à autoridade e a formação moral no Brasil, com seu rigorismo ascético exacerbado, a busca de rigorosa pureza legal, a luta indiscriminada contra o espírito de tolerância

e o laxismo, a visão negativa da sexualidade e a divulgação de um cristianismo triste.

73. Mas, quando a catequese oficial entrou em crise, no período da expulsão dos jesuítas, foi a catequese popular dos leigos, rezadores, puxadores de novena, pregadores populares, especialmente mulheres, que manteve e deu continuidade à transmissão dos dados essenciais da fé. Ao mesmo tempo, porém, o sincretismo religioso, numa mistura de elementos da religião indígena, africana e do catolicismo, foi-se firmando.

74. A transferência da família real, em 1808, coincidiu com a reforma católica, no Brasil.[5] A catequese dava, então, prioridade ao *ensino da doutrina cristã*. As cartas pastorais dos bispos e os catecismos alimentaram o movimento catequético, que recebeu um incremento a partir de 1840, quando a Igreja no Brasil assumiu as orientações do Concílio de Trento. Os novos textos pretendiam substituir o *catecismo jansenista*. A proliferação de manuais catequéticos diocesanos, durante o Império, preparou o terreno para um texto único no início do século XX. Além da preocupação com

---

[5] Podem ser citados como bispos "reformadores": Dom Romualdo de Souza Coelho e Dom Macedo Costa (Pará), Dom Antônio Viçoso (Mariana), Dom Joaquim Manoel da Silveira (Maranhão), Dom Antônio Joaquim de Melo (São Paulo), Dom Pedro Maria de Lacerda (Rio de Janeiro) e outros. Alguns autores chamam tal reforma de *romanização*, pois a finalidade principal dos bispos reformadores era implantar no Brasil o espírito da reforma tridentina, superando o tradicional catolicismo português ainda de raiz medieval.

o jansenismo, galicanismo e liberalismo, havia o tom antiprotestante de Trento. No Brasil, o governo aceitara cláusulas favoráveis à liberdade religiosa dos anglicanos, no *Tratado do Comércio* com a Inglaterra de 1810. Vários pastores protestantes e imigrantes americanos já iniciavam missões no Brasil, especialmente através de colégios.

75. Junto com os textos de catequese, a *pregação missionária* nos ambientes populares, que incluía missionários leigos, ajudava a manter e alimentar a fé dos fiéis, com a difusão de devocionários, manuais de oração, novenários, livros de piedade, terços, horas marianas, missão abreviada (textos para a continuidade das missões).

76. No final do século XIX e início do XX realizaram-se esforços de articulação pastoral. Marcante foi o Concílio Plenário Latino Americano (1899), em Roma, convocado pelo Papa Leão XIII. Esse evento teve efeitos no Brasil. Dom Antônio Macedo Costa conseguiu, pela primeira vez no Brasil, reunir o episcopado (março de 1890): as dioceses eram poucas. No final do encontro foi promulgada a *Pastoral Coletiva do Episcopado Brasileiro*.[6] Em 1915, veio a lume outra *Pastoral Coletiva*, uma iniciativa da Província Eclesiástica Meridional do

---

[6] Pastoral Coletiva do Episcopado Brasileiro ao Clero e aos Fiéis das duas Províncias Eclesiásticas do Brasil. Rio de Janeiro, Leuzinger, 1900.

Brasil, e que, logo, foi adotada no Brasil inteiro. Esse documento assumido oficialmente no Concílio Plenário Brasileiro, em 1939, foi reeditado com acréscimos em 1950, tendo como subtítulo *Constituições Eclesiásticas do Brasil*. Sob o impulso dos Papas Pio XI e Pio XII, os bispos brasileiros acolheram e deram apoio à *Ação Católica*, que teve boa acolhida e exerceu significativa influência na renovação da Igreja e da catequese no país.

77. O *Catecismo da Doutrina Cristã*[7] marcou a caminhada da catequese no Brasil; foi publicado a partir de 1903, pelas províncias eclesiásticas do Sul do Brasil, com edições até hoje. Seu uso era subsidiado com outros textos, mais didáticos. Periodicamente aconteciam maratonas oficiais para a assimilação desse *Catecismo*.

78. Em 1905, o Papa Pio X publicou a Encíclica *Acerbo Nimis* sobre a catequese e, em 1910, apareceu o catecismo que traz o seu nome, o que favoreceu ainda mais o uso do *Catecismo da Doutrina Cristã*. A influência de Pio X foi grande no Brasil, especialmente na animação e organização da catequese: surgiram também as *Congregações da Doutrina Cristã* nas paróquias e dioceses, para organizar e

---

[7] Na verdade era um catecismo em *quatro níveis*: *Resumo da Doutrina Cristã* (extrato da doutrina elementar); *Primeiro Catecismo da Doutrina Cristã* (catecismo elementar destinado aos principiantes); *Segundo Catecismo* (catecismo básico); *Terceiro Catecismo* (de nível avançado).

impulsionar a catequese. Nas orientações da *Acerbo Nimis* havia um apelo para que a fé fosse professada no dia-a-dia, estendendo-a para os adultos, jovens e crianças, assumindo um caráter de fato educativo permanente. Sob o impulso de Pio X os leigos foram mais valorizados na catequese, abrindo assim espaço para a *Ação Católica*. A falta de clero obrigou bispos e padres a recorrerem cada vez mais aos leigos.

79. Apesar desses avanços, o episcopado alertava sobre a *ignorância religiosa* no meio da população. Entretanto, o progresso das ciências pedagógicas e a evolução do movimento catequético europeu nas décadas de 1920 e 1930 mostraram as fraquezas do catecismo doutrinal. Então, a primeira renovação significativa da catequese veio pela Ação Católica, sob o pontificado de Pio XI, com repercussões que perduram até hoje. Ela enriqueceu sobremaneira a catequese com o estudo de temas sociais, com o valioso instrumento metodológico conhecido pela trilogia *ver, julgar*[8] e *agir*, que se tornou, depois, metodologia de toda a pastoral. Entretanto, o avançado pensamento social cristão, que permeava a Ação Católica e que influenciou a militância católica, não conseguiu mudar muito o conteúdo doutrinal da catequese tradicional.

---

[8] Hoje se prefere usar o verbo "iluminar", como se verá mais à frente (cf. 157-159).

80. A evolução da catequese no Brasil recebeu, também, uma especial contribuição do *movimento querigmático europeu*. Pedagogicamente construída a partir de unidades didáticas, a catequese passou a ter como espinha dorsal de seu conteúdo a *História da Salvação*, cujo centro é Jesus Cristo. Daí decorreu um maior uso da Bíblia, particularmente os evangelhos, e da liturgia. Era fruto da convergência na catequese dos avanços dos movimentos bíblico, litúrgico, teológico, pedagógico (a escola ativa) e da efervescência pastoral às vésperas do Vaticano II. Entre os importantes animadores da catequese do período pré-conciliar, destaca-se o Pe. Álvaro Negromonte, que criou e difundiu no Brasil o chamado *método integral de catequese.* Tinha como objetivo formar o cristão íntegro, firme na fé, forte no amor e pleno de esperança (cf. *CR* 22). Nessa época Dom Helder Camara deu início e dirigiu a *Revista Catequética*, e a CNBB proclamou em 1959 o "ano catequético nacional". Após o Concílio, teve especial importância para a catequese no Brasil o *Instituto Superior de Pastoral Catequética* (Ispac), de nível nacional, regional e local: formou líderes, coordenadores e especialistas em catequese.

2.3. A catequese no Brasil depois do documento *Catequese Renovada*

81. No capítulo primeiro, já foi apresentado um panorama da caminhada da catequese no pós-con-

cílio.[9] Uma vez aprovado, em 1983, o documento *Catequese Renovada* passou a ser uma forte motivação para a evolução da catequese. O destaque dado à Bíblia correspondeu ao carinho do povo pela Palavra de Deus. Catequistas alegremente aprenderam a dizer e demonstrar concretamente que "a Bíblia é o livro por excelência da catequese" (cf. *CR* 154 e *TM* 24). O projeto para a sua operacionalização nas comunidades foi realizado criativamente pela então Linha 3 da CNBB, uma coordenadoria nacional da catequese. Eventos, iniciativas diversas e textos de apoio foram pontilhando a caminhada catequética até hoje. Marcaram época:

a) a *Primeira Semana Brasileira de Catequese* (1986), com o tema "Fé e vida em comunidade, renovação da Igreja, transformação da sociedade", e a *Segunda*, em 2001, com o tema "Com adultos, catequese adulta";

b) os sete *Encontros Nacionais de Catequese*;

c) as *reuniões anuais* dos Coordenadores Regionais de Catequese;

d) as escolas de catequese, os grupos nacionais de reflexão: GRECAT, GREBIN, GRESCAT, o Grupo de catequetas e professores de catequética, o Grupo de catequese junto às pessoas com deficiência,

---

[9] Cf. acima 11-13.

as semanas e encontros nos regionais e nas dioceses;

e) os textos de apoio e o desdobramento do documento *Catequese Renovada,* da coleção *Estudos da CNBB*.[10]

82. Da publicação de *Catequese Renovada* para cá, no âmbito da América Latina, a catequese no Brasil encontrou respaldo no documento da *Primeira Semana Latino-americana de Catequese* (Quito, 1982) e da *Segunda* (Caracas, 1994), nas conclusões de *Santo Domingo* (1992), no documento *Catequese na América Latina: linhas comuns para a catequese* (1999). No âmbito mundial, a Sé Apostólica publicou o *Catecismo da Igreja Católica* (1992), o *Diretório Geral para a Catequese* (1997) e o *Compêndio do Catecismo da Igreja Católica* (2005).

83. A CNBB, através de documentos, mensagens, pronunciamentos, campanhas e outros meios, vem realizando uma verdadeira catequese eclesial no âmbito nacional, num leque abrangente nas diversas dimensões da vida humana e religiosa, marcando presença significativa na sociedade. Em sua missão evangelizadora e catequética, o Magistério da Igreja no Brasil tem levado em conta o princípio da interpelação mútua entre fé e vida. Em mais de meio século de existência, ela estimulou a anima-

---

[10] Cf. a relação destes textos acima em 12, nota 6.

ção bíblica e o acesso dos fiéis à Palavra de Deus, chegando a publicar uma tradução da Bíblia.[11]

3. A contextualização da catequese hoje

3.1. Ver a realidade e nela encarnar-se crítica e cristãmente

84. Na tradição teológica e pastoral no Brasil, já antes do Vaticano II, e depois, sob o impulso da *Gaudium et Spes*, da teologia dos sinais dos tempos e da teologia da libertação, a reflexão e a ação da Igreja consideram a realidade como componente de sua missão. Analisada pastoralmente, a realidade é iluminada pela fé e, em seguida, é alvo da ação evangelizadora e pastoral da Igreja: é o método *ver, julgar e agir* originado na *Ação Católica*. A catequese veio guiando-se pela fidelidade a esse processo renovador. Deixou-se influenciar, especialmente, pelos documentos de *Medellín*, *Puebla*, *Santo Domingo* e pelas orientações da CNBB em seus diversos documentos e estudos.

85. A catequese encontrou no "princípio da interação fé e vida" (cf. *CR* 110-117) uma das chaves mais importantes para inculturar-se na vida dos

---

[11] *Bíblia Sagrada*; tradução da CNBB. 1. ed. São Paulo, Ave Maria/Vozes/Salesianas/Paulus/Santuário/Paulinas/Loyola, 2001.

catequizandos, assumindo a realidade como parte do seu conteúdo. Na verdade, os catequizandos são chamados a evangelizar a sociedade, fazendo atuar nela os valores do Reino de Deus. Para isso constroem laços de solidariedade e fraternidade entre todos, no respeito à diversidade, e vivem em espírito de comunhão e participação. Assim, a catequese prepara o fiel para assumir e viver a fé dentro de um determinado contexto, como *profeta, sacerdote e pastor*: alguém profeticamente atento para interpretar os sinais dos tempos, assíduo em promover a santificação própria e dos outros, como participante do sacerdócio comum dos leigos, e ativo para promover a organização das realidades terrestres e de sua comunidade eclesial, conforme o Espírito de Cristo. Vivem assim os múnus do profetismo, sacerdócio e realeza próprios dos leigos, para a construção do Reino de Deus. À luz do mistério da encarnação e do princípio de interação fé e vida, a realidade social, política, econômica, cultural e religiosa é, também, conteúdo da catequese.

3.2. Catequese e sinais dos tempos

86. A leitura da realidade brasileira contemporânea, aqui apresentada, tem um caráter de provisoriedade próprio da contingência histórica (*DGC* 14). Ela é feita com os mesmos olhos com que Jesus contemplava a sociedade de seu tempo e à luz do

que diz o Vaticano II: "As alegrias e esperanças, as tristezas e angústias dos homens de hoje, sobretudo dos pobres e de todos os que sofrem, são também as alegrias e as esperanças, as tristezas e as angústias dos discípulos de Cristo" (*GS* 1; cf. *DGC* 16). E o *DGC* acrescenta: "Na catequese se ajudará a interpretar a vida humana atual, à luz das experiências vividas pelo povo de Israel, por Jesus Cristo e pela comunidade eclesial, na qual o Espírito de Cristo ressuscitado vive e opera continuamente" (*DGC* 117; *CR* 74).

87. A Igreja não ignora que, neste momento da história, impera a hegemonia ideológica do neoliberalismo e de sua expressão maior, a feroz lei do mercado explorador. A humanidade fez progressos, sem dúvida: há empenho na defesa de direitos humanos que antes eram ignorados, cresce uma consciência ecológica, há tendências pacifistas e certo engajamento em trabalho voluntário e solidário. Valorizam-se o simbólico, o artístico, o lúdico, o estético e o ecológico. Apesar disso ainda estamos sob o domínio da tirania do lucro, da guerra e de outros tipos de violência. Isso desafia o cristianismo, como um todo, e cada discípulo de Jesus carrega o propósito de uma sociedade justa, solidária e de paz.

88. É grande a força da comunicação moderna, na formação da opinião pública e das convicções das pessoas. A Igreja mesma a valoriza como meio

importante para a evangelização. Mas cabe-lhe, em seu profetismo, zelar para que o uso da mídia esteja a serviço da pessoa e dos valores humanos. Nesse propósito, a catequese, como comunicação da Boa Notícia e dos valores que dela derivam para a felicidade humana, é importante ajuda na educação do senso crítico em relação à mídia. À luz dos valores do Evangelho, estimula os fiéis a serem protagonistas da comunicação cristã.

89. A Igreja evangeliza pessoas concretas, situadas, marcadas por clima, cultura, valores, problemas. A cultura da modernidade se caracteriza sobretudo pela prioridade dada à razão, ao conhecimento, à ciência, à tecnologia, ao planejamento, ao lucro e aos interesses individuais. Com isso ocorre diminuição do senso do sagrado, do social, do emocional e do lúdico, com influência na consciência social e no comportamento da sociedade. O mundo atual desenvolveu-se muito graças à *modernidade* em termos de progresso científico, produção do saber, de recursos financeiros e de bens. Mas sofreu e sofre as conseqüências da falta de ênfase nos valores humanos, culturais, religiosos, morais e sociais, bem como da pouca atenção aos mais pobres e à natureza. O uso irresponsável dos recursos atuais produz conseqüências dramáticas: guerras mundiais, prejuízo da saúde de nosso planeta, perda do sentido do viver, fugas psicossociais, violência.

Convivem hoje bolsões de *pré-modernidade*, em meio ao domínio da modernidade científica. No final do milênio apareceram reações, ambiguamente denominadas *pós-modernidade*, ressaltando a emoção, os sentimentos, a religiosidade, o amor. Multiplicam-se, então, as fábricas de sonhos, calcadas em fugas como consumismo, erotismo, bebidas, drogas e outras ofertas ilusórias de felicidade.

90. Os catequistas se esforçam para viver e interpretar a fé cristã, a partir da realidade e das pessoas com as quais interagem. Os valores do Evangelho fornecem parâmetros para o discernimento do que é veiculado e vivido hoje. A fé cristã tem, nas Escrituras Sagradas, principalmente em Jesus Cristo, um referencial para a pessoa e a sociedade, e não cessa de propô-lo. Segundo esse modelo, a catequese busca o equilíbrio entre razão, sentimento, comportamento, engajamento na comunidade e na sociedade, tendo como finalidade a formação de fiéis comprometidos com o Senhor, com sua Igreja e com o Reino. Tal opção exige a dimensão comunitária e o compromisso na missão. O conhecimento intelectivo da fé requer a experiência pessoal e comunitária de Deus e a caridade operativa para a mudança do mundo à luz dos valores do Reino.

3.3. A PLURALIDADE SOCIORRELIGIOSA

91. Não mais vivemos em tempos de cristandade, com a hegemonia religiosa e cultural da Igreja.

O *Diretório Geral para a Catequese* fala até de "culturas pós-cristãs" (110d; cf. *CT* 57). O mundo contemporâneo abre cada vez mais espaço ao diferente, e o futuro se anuncia mais plural, também no campo religioso. A Igreja está aprendendo novos caminhos: do ecumenismo, do diálogo religioso, do diálogo com a cultura e da promoção da liberdade religiosa. Ela estimula os fiéis para que, com fidelidade à sua profissão de fé, busquem a cooperação das religiões e confissões religiosas, propondo parceria com ONGs e outras entidades em torno dos direitos humanos e da salvaguarda da saúde da terra. Na realidade plural de nossa sociedade sobressaem situações especiais que, de modo particular, sensibilizam a Igreja. Entre elas estão, por exemplo, a questão da mulher, da miséria, da fome, da corrupção, do mundo das drogas e da violência, das minorias excluídas: indígenas, afro-brasileiros, migrantes, refugiados, prisioneiros, menores abandonados, prostitutas, pessoas com deficiência e com doenças contagiosas.

92. Hoje milhões de pessoas ficam à margem ou recebem um serviço social insuficiente e sem qualidade. É grave a situação do desemprego e a falta de segurança laboral. A derrocada de valores leva as pessoas a buscarem refúgio em fugas existenciais alienadoras, que poderosos grupos oferecem, exasperando, também, a agressividade e o usufruto dos

prazeres. É neste contexto que a Igreja coloca em prática a evangélica opção preferencial pelos pobres e excluídos. Trata-se de um dado fundamental da fé cristã (cf. Mt 25,31-46) e, portanto, do conteúdo da catequese. Esta, quando não é alienada, leva em conta o Ensinamento Social da Igreja e estimula os fiéis a se engajarem como agentes na transformação evangélica da sociedade.

93. O catolicismo no Brasil não é homogêneo. Conforme sua predileção por enfoques teológicos, devocionais e pastorais, os grupos criam identidades próprias. Há ainda outros matizes diferenciadores como o catolicismo rural e urbano, cada um deles, aliás, bastante diversificado. Nos últimos cem anos a urbanização do Brasil veio influenciando progressivamente o modo de ser cidadão e de ser cristão. Diante dessas mudanças, há grupos de católicos que requerem atenção de pastoral específica: os que possuem uma tênue relação com a fé e com a Igreja; os que recorrem à Igreja apenas em momentos fortes da vida: nascimento e morte, casamento, bodas, bênçãos... Há, ainda, os que se afastam da Igreja, e os que, já adultos, pedem para ser católicos.

94. Atenta às raízes culturais cristãs do povo e às diversas manifestações sociais do catolicismo, a catequese, em nome da fé em Jesus Cristo, parte do que existe e oferece os fundamentos e as bases comuns que garantem a identidade católica e favo-

recem o diálogo, a cooperação fraterna e a união dos fiéis. Para isso, ela se guia pela eclesiologia de comunhão e participação. Ao mesmo tempo, pauta-se pelo respeito à diversidade cultural e religiosa brasileira, e pela cooperação entre as várias formas de catolicismo, todas elas vivendo do único mistério de Jesus Cristo, e tendo seu princípio de unidade na fé e na caridade, em comunhão com os pastores.

3.4. Família e mundo adulto, prioridades para a catequese

95. Forças sociais secularizadas, a influência dos meios de comunicação, do relativismo religioso, da migração, da urbanização, das condições sociais, econômicas e culturais agridem as pilastras da família cristã: amor, fidelidade, fé, sacrifício, dedicação, indissolubilidade, geração e formação de novas vidas. A estrutura da estabilidade e da fidelidade da família está abalada, em decorrência da perda do sentido do amor, pela facilidade com que a lei favorece as separações e novas uniões, pela crise social e tantos outros fatores. Tornou-se também vítima da violência, da droga, do sexo desenfreado, do lucro, dos modelos econômicos injustos... As separações, agravadas por conflitos, desorientam afetivamente os filhos. Há novos padrões sociais para a sexualidade e a família, muito diferentes dos ensinados pela Igreja. É crescente o número

de famílias sob responsabilidade apenas da mãe ou de um parente. Mais e mais as novas famílias deixam de levar em conta a fé, inviabilizando assim a socialização cristã primária.

96. Em 1983, o documento *Catequese Renovada* reconhecia algumas falhas graves na vivência da fé em muitos católicos adultos: "Fé individualista, intimista e desencarnada" (*CR* 130). Nestes últimos anos, refletiu-se bastante sobre o tema "com adultos, catequese adulta", particularmente na Segunda Semana Brasileira de Catequese, em 2001, ressaltando que a catequese com adultos é prioridade na Igreja no Brasil (cf. *AS* 129b). Isso traz algumas conseqüências, tais como:

a) revisão da concepção e da práxis da catequese para ampliá-las, pois estão muito atreladas a crianças e adolescentes;

b) formação adequada de catequistas para atuar com adultos;

c) metodologia específica, levando em conta a realidade do mundo adulto;

d) elaboração de subsídios de apoio para a catequese com adultos, levando em conta suas exigências e seus compromissos na família, na sociedade e na Igreja;

e) envolvimento pastoral dos adultos, particularmente da família, na catequese de seus filhos.

CAPÍTULO 4

CATEQUESE: MENSAGEM E CONTEÚDO

> "Não estava ardendo o nosso coração
> quando Ele nos falava pelo caminho
> e nos explicava as Escrituras?" (Lc 24,32).

1. A mensagem cristã e sua apresentação

1.1. MENSAGEM DIZ MAIS QUE DOUTRINA

97. Na catequese, quando se fala em conteúdo, pensa-se em geral na doutrina e na moral. Essa visão afeta o encaminhamento do processo catequético. Mensagem é comunicação de algo importante. João Paulo II afirmou enfaticamente: "Quem diz mensagem diz algo mais que doutrina. Quantas doutrinas de fato jamais chegaram a ser mensagem. A mensagem não se limita a propor idéias: ela exige uma resposta, pois é interpelação entre pessoas, entre aquele que propõe e aquele que responde. A mensagem é vida. Cristo anunciou a Boa-Nova, a Salvação e a felicidade: 'Felizes os pobres no espírito, felizes os mansos, felizes os perseguidos por causa da justiça [...]'

(cf. Sb 2,2; Sl 34,4; Sl 37,11; Mt 5,3-11; Lc 1,53); e ainda: 'Deixo-vos a paz, dou-vos a minha paz [...]' (cf. Jo 14,27; 15,11; 1Jo 1,4; 2Ts 3,16; Ef 2,17-18). As multidões escutavam-no, porque viam nele a esperança e a plenitude da vida (cf. Jo 10,10)".[1]

1.2. A MENSAGEM DE JESUS

98. *Jesus* em sua experiência e pregação se refere constantemente ao *Pai*, que o enviou para uma missão e está todo voltado para Ele: é a vontade do Pai que procura constantemente. É um Projeto de Amor, o caminho à verdadeira felicidade, vivida como numa grande família de Deus. Jesus, o Senhor (cf. Fl 2,11), revela-se como nosso Irmão que nos leva ao Pai. Por fidelidade e obediência ao Pai que o enviou e à mensagem que pregou e viveu, Jesus se entregou à morte livremente: torna-se assim o verdadeiro Cordeiro que tira o pecado do mundo. Por isso o Pai o ressuscita, confirma-o Senhor e Filho de Deus e o coloca à sua direita com a plenitude vivificante do *Espírito*. Assim, Jesus está no centro da proclamação da mensagem catequética (cf. *EN* 22), cuja meta final é o Pai: "Eu sou o Caminho [...]; ninguém vai ao Pai, senão por mim" (Jo 14,6;

---

[1] Homilia em Porto Alegre em 5.7.1980. In: *Pronunciamentos do Papa no Brasil*; textos apresentados pela CNBB. Petrópolis, Vozes, 1980. nn. 539-540.

12,35). A catequese há de insistir em Deus-Pai, distinto de Jesus, fim último de nossa caminhada.

99. *Jesus* revela o *Espírito Santo* que, com o *Pai*, envia à sua Igreja. O Espírito nos une a Jesus Cristo, formando um único Corpo, a Igreja, Povo santo de Deus. Jesus de Nazaré, Filho Unigênito do Pai, e de Maria sempre Virgem, é a Palavra encarnada do Pai: Palavra única e definitiva que fala ao mundo em todas as línguas, com o seu Espírito, no seu Corpo eclesial e católico (cf. Ap 2,11). Particularmente na Confirmação, a catequese aprofunda mais a presença e a ação do Espírito com seus dons e carismas e seu impulso para a missão.

100. O mistério da Santíssima Trindade, revelado por Jesus, é o centro da fé e da vida cristã. O Deus revelado em Jesus Cristo é um Deus-Comunhão. Esse Deus-Comunhão de Pai, Filho e Espírito Santo é a inspiração da comunhão que somos chamados a viver. É isso que significa ser "criado à imagem e semelhança de Deus". Essa comunhão deve estar refletida nas relações pessoais, na convivência social e em todas as dimensões da vida, inclusive econômica, social e política, fazendo-nos irmãos, filhos do mesmo Pai (cf. *CR* 201-202; cf. *P* 211-219). Jesus nos ensina que a vida trinitária é a fonte e meta da nossa vida e, portanto, também da catequese.

101. A base, o centro e o ápice da evangelização e catequese são sempre "uma proclamação clara de

que, em Jesus Cristo, Filho de Deus feito homem, morto e ressuscitado, a Salvação é oferecida a todas as pessoas, como dom da graça e da misericórdia de Deus" (*EN* 27a). Se, por um lado, essa Salvação tem reflexos nesta vida e coincide com as aspirações e esperanças profundas do ser humano, por outro lado é "uma Salvação que ultrapassa todos estes limites, para vir a ter a sua plena realização numa comunhão com o único Absoluto, que é o de Deus: Salvação transcendente e escatológica, que já tem certamente seu começo nesta vida, mas que terá realização completa na eternidade" (*EN* 27b).

1.3. A MENSAGEM EVANGÉLICA VIVIDA
E ANUNCIADA NA IGREJA

102. A mensagem de Jesus chega até nós através do anúncio missionário; é aprofundada e vivida na comunidade dos que seguem o caminho do Evangelho: a Igreja. Esse processo de "Tradição", que se iniciou com a pregação dos apóstolos às primeiras comunidades cristãs, continua na Igreja através dos séculos, de pais para filhos. É vivido intensamente, quando a comunidade celebra a liturgia, especialmente no Batismo, Confirmação e Eucaristia. Acontece nas comunidades com fiéis, catequistas, mártires, santos, Padres e Doutores da Igreja, pastores, teólogos e missionários. "As

afirmações dos Santos Padres testemunham a presença vivificadora desta Tradição, cujas riquezas entram na prática e na vida da Igreja que acredita e ora" (*DV* 8).

103. A Igreja é semente, sinal e instrumento do Reino e está a serviço dele (cf. *LG* 5). O Reino é maior que a Igreja enquanto peregrina na terra. A catequese transmite essa mensagem do Reino, que é o ponto central na pregação de Jesus, paulatinamente aprofundada, desenvolvida em suas conseqüências, mostrando as grandes repercussões que tem para as pessoas e para o mundo. Ao anunciar o Reino, Jesus se dirige particularmente aos pobres e os declara bem-aventurados. A Igreja compartilha essa sensibilidade e a catequese suscita nos catequizandos a opção preferencial pelos pobres, que exige empenho pela justiça (*DGC* 101 e 103-104).

104. A presença da Virgem Maria, Mãe de Deus e Mãe da Igreja, é importante. É a discípula, cheia de fé, e modelo no seguimento de Jesus. Sua fé foi dom, abertura, resposta e fidelidade. Seu cântico (*Magnificat*) espelha uma pessoa totalmente aberta à causa do Reino e cheia de confiança no Pai: é o cântico da espiritualidade dos pobres do Senhor e do profetismo da Antiga Aliança, modelo daqueles que buscam, na fé, soluções para as circunstâncias adversas da vida pessoal e social. Em Maria, o Evangelho penetrou a feminilidade e a exaltou.

Para a comunidade ela é exemplo de fortaleza e de esperança. Ela é bendita entre as mulheres (cf. Jz 5,24; Jt 13,18; Lc 1,42.48). Por ser tão importante a relação dos fiéis com a mãe de Jesus, a catequese deve cuidar para que ela seja bem fundamentada, esclarecida, liberta de atitudes inadequadas e vista como um caminho que conduz a Jesus e por Ele ao Pai.

1.4. Critérios para apresentar a mensagem

105. Ao apresentar a mensagem evangélica, a catequese observa os seguintes critérios:
   a) centralidade da pessoa de Jesus Cristo, que introduz na dimensão trinitária e antropológica da mensagem;
   b) valorização da dignidade humana (mistério da encarnação);
   c) anúncio da Boa-Nova do Reino de Deus em vista da Salvação, o que implica uma mensagem de conversão e libertação;
   d) caráter eclesial da mensagem, que remete a seu caráter histórico;
   e) exigência de inculturação, uma vez que a mensagem evangélica é destinada a todos os povos; isso supõe que a mensagem seja apresentada, gradualmente, em sua integridade e pureza;
   f) a mensagem cristã é orgânica; tem uma hierarquia de verdades. A visão harmoniosa do

Evangelho tem um significado profundo para o ser humano (cf. *DGC* 97).[2]

2. A Palavra de Deus, fonte da catequese

106. A fonte na qual a catequese busca a sua mensagem é a *Palavra de Deus*:[3] Jesus mesmo nos deu o exemplo. "A catequese há de haurir sempre o seu conteúdo na fonte viva da Palavra de Deus, transmitida na Tradição e na Escritura, porque a Sagrada Tradição e a Sagrada Escritura constituem um só depósito inviolável da Palavra de Deus, confiada à Igreja" (*CT* 27). Desse "depósito da fé" a Igreja extrai coisas novas e antigas (cf. 2Tm 1,12; Mt 13,52). Essa *Palavra de Deus* é compreendida e vivida pelo senso de fé do Povo de Deus, é celebrada na liturgia, brilha na vida, no testemunho e na caridade dos cristãos, particularmente dos santos, é aprofundada na pesquisa teológica e manifesta-se nos genuínos valores religiosos e morais que, como sementes da Palavra, estão disseminados na sociedade humana e nas culturas (cf. *DGC* 95). O *DGC* afirma tão fortemente o nexo entre Bíblia e liturgia, que reconhece a mesma liturgia como fonte da catequese:

---

[2] Embora esses critérios sejam válidos para todo o ministério da Palavra, o *Diretório Geral para a Catequese* os desenvolve com relação à catequese; sugere-se que sejam considerados atentamente (cf. 97-118).

[3] Cf. acima 19-28, o sentido amplo que tem a expressão *Palavra de Deus*.

"A Palavra de Deus contida na Sagrada Tradição e na Sagrada Escritura é celebrada na liturgia onde, constantemente, é proclamada, ouvida, interiorizada e comentada" (*DGC* 95 com sua nota 7).

2.1. SAGRADA ESCRITURA, VALOR PRIMORDIAL

107. Dentro da Tradição, a Bíblia ocupa lugar especial: nela, a Igreja reconhece o testemunho autêntico da Revelação divina. Antes da invenção da imprensa, e por mais de um século depois, pouquíssimas pessoas particulares possuíam uma Bíblia: livros eram raros e caros; prevalecia no povo a cultura oral. No entanto, com profundidade ora maior, ora menor, a Escritura estava presente na vida católica: nas devoções e penitências, festas e romarias, no linguajar do povo, na pintura e escultura, teatro, cantos e narrativas populares. Fazia-se presente sobretudo na liturgia das comunidades e na pregação: era o que melhor alimentava esse entusiasmo pela Bíblia, ou seja, era a Tradição viva da Igreja que conservava a fé apostólica (cf. *DGC* 95). No centro das Escrituras estão os evangelhos, que apresentam Jesus, sua vida, mensagens e suas ações salvíficas. Exprimem a base dos ensinamentos das primeiras comunidades cristãs, o primeiro livro de catequese desde as origens da Igreja (cf. *DGC* 98; *TM* 24). Nossa recente tradição catequética tem valorizado

a Sagrada Escritura como "livro" de catequese por excelência; os textos catequéticos lhe servem de complementação (cf. *TM* 24; cf. *CR* 154), em sintonia com o *DGC*: "A Igreja quer que, em todo o ministério da Palavra, a Sagrada Escritura tenha uma posição pró-eminente" (127).

2.1.1. Objetivos do uso da Bíblia na catequese

108. Na catequese, procuramos critérios para o uso da Bíblia a serviço da educação de uma fé esclarecida e engajada; as circunstâncias locais hão de inspirar adaptações apropriadas a cada realidade. Dois objetivos gerais se impõem no uso da Bíblia pela catequese:

a) *formar comunidade de fé*. Por toda parte, pessoas reúnem-se para refletir e rezar a Palavra de Deus e atuar na Igreja e na sociedade. Esses grupos muitas vezes evoluem, chegando a formar pequenas comunidades, ou reforçando as que já existem. Esses grupos ou círculos bíblicos são ótimos também para acolher pessoas "em trânsito", do ponto de vista social ou religioso; ajudam migrantes a se inserirem no contexto social, e acolhem pessoas que não se sentem bem na comunidade: no círculo bíblico, podem mais facilmente buscar a vontade de Deus a seu respeito;

b) *alimentar a identidade cristã*. Nós, cristãos, colaboramos para a construção de uma sociedade sadia com aquilo que nos é próprio. A *Bíblia* alimenta nossa identidade, ajudando a formar nosso quadro de referência e, assim, a darmos "razão da vossa esperança" (cf. 1Pd 3,15).

2.1.2. Critérios metodológicos

109. Todos os textos da Bíblia têm um valor próprio e especial e por isso foram conservados ao longo de tanto tempo, e a Tradição os considerou inspirados. É necessário descobrir esses valores presentes nos textos e deixar que eles iluminem nossa vida. O texto requer sempre uma *atenção especial*. Às vezes, é tal a ânsia de se servir dele para expor as próprias idéias, que não se presta atenção ao que ele tem a dizer. Requer empenho para que pequenas dificuldades com o texto não distraiam da mensagem fundamental que a Bíblia traz: o mistério da vida, da história, do Deus sempre imprevisível. Esse critério ajudará na leitura da Bíblia a superar os riscos de uma *leitura fundamentalista*, isto é, a impossibilidade de perceber as riquezas incontáveis da Palavra de Deus.

110. O povo ama a Bíblia e gosta de ouvir o que diz a Palavra de Deus na liturgia, em grupos ou na oração pessoal. A Palavra de Deus é exigente, mas traz também estímulo, confiança, alimento para a fé.

Ela é fonte de alegria mesmo em momentos difíceis. Os *métodos exegéticos* possibilitam melhor compreensão do texto bíblico. O importante é chegar à meta: ouvir o que Deus quer nos dizer. Ler um texto bíblico é aprofundar o sentido da vida. A própria Bíblia é uma mediação para a sublime Revelação divina. Quanto mais experiência de vida e vivência de fé, mais a pessoa penetra a mensagem bíblica. O importante mesmo é o posicionamento do leitor: lemos a Bíblia como a lê a nossa Igreja: na perspectiva doutrinal, moral e evangélico-transformadora... a partir dos desamparados nos quais Deus quer ser servido. A leitura da Bíblia não é mera questão de técnicas: é uma opção de vida, fruto do dom do Espírito (cf. 1Cor 2,1-16; Rm 11,33-36).

2.1.3. Leitura orante da Bíblia

111. O documento *Interpretação da Bíblia na Igreja* trata dos vários métodos de leitura bíblica, indicando as contribuições e limites de cada um. Uma das formas mais valiosas de trato com a Bíblia é a *lectio divina*, que entre nós é conhecida como *leitura orante*, individual ou comunitária. Consiste na leitura de um trecho bíblico, repetida uma ou mais vezes, acompanhada de silêncios interiores, meditação, oração, contemplação. É a prática do "Fala, Senhor, que teu servo escuta!" (1Sm 3,9). A leitura orante da Bíblia alimenta nas pessoas a

escuta atenta à Palavra e o diálogo filial com o Pai (cf. Is 50,4-5). As pessoas encontram orientação para a vida, serenidade e força para dizerem sim ao chamado de Deus, impulso para se dedicarem à causa de Jesus Cristo, com o seu Espírito; discernem melhor o sentido de sua vida. No encontro com Deus encontram-se também a si mesmas: crescem em coragem, serenidade, sabedoria que vem da fé. Essa leitura pode ajudar a prevenir e corrigir objetivos e procedimentos distorcidos, como zelo agressivo, medo de Deus, legalismo, vedetismo bíblico (cf. *DV* 25; *Catecismo* 2653s; *DGC* 127). "Seja incentivada e reforçada a prática da leitura pessoal e orante da Bíblia conforme as orientações do Concílio e, especialmente, a prática dos círculos bíblicos ou reuniões de grupo, para a leitura da Bíblia e a reflexão sobre a vida hoje, com o decorrente compromisso cristão" (*DGAE* 21).

2.1.4. Leitura da Bíblia nos grupos, círculos bíblicos e pequenas comunidades

112. Na pastoral e catequese em nosso país, especialmente entre os adultos, tem crescido a leitura da Bíblia no meio do povo mais simples. Biblistas competentes, em comunhão com os pastores da Igreja, mestres da fé, ajudam o povo a ler a Palavra de Deus de modo atualizado, fiel ao espírito em que foi escrita e relevante para a realidade de hoje.

As pequenas comunidades e grupos são criativos: trabalham o texto com cartazes, cantos, encenações, ditados populares; contam a sua vida junto com a lembrança das experiências que o texto bíblico registrou; sentem a Bíblia como algo familiar, capaz de alimentar a fé, dar esperança, iluminar as alegrias, problemas e escolhas do cotidiano. Esse clima é favorável ao desenvolvimento de uma importante consciência crítica que leva à ação; ajuda a descobrir novos aspectos da mensagem e educa a comunidade no sentimento de ser Povo de Deus. Ao redor da Bíblia se pode aprofundar o espírito eclesial, na fraterna cooperação que deve envolver os discípulos do Senhor, seja qual for a sua função na Igreja.

2.1.5. Leitura libertadora

113. "A Boa-Nova do Reino de Deus, que anuncia a Salvação, inclui uma mensagem de libertação. Ao anunciar esse Reino, Jesus se dirige de maneira particularíssima aos pobres" (*DGC* 103). "Deus está presente na história de seu povo para salvá-lo. Ele é o Deus dos pobres que não pode tolerar a opressão e a injustiça" (*Interpretação da Bíblia na Igreja*, cap. I, E., 1). Em coerência com esse princípio evangélico (cf. Lc 4,14-21; Mt 25,31-46), desenvolveu-se também no Brasil a *leitura libertadora* da Bíblia, valorizada por diversos documentos pontifícios

como a *EN* (30-39) e *Interpretação da Bíblia na Igreja* (cap. I, E., 1). Esse método contribui para ler o texto no seu contexto e no cotidiano da vida. Os autores sagrados eram humanos e, como tais, sujeitos a condicionamentos históricos, políticos, culturais, e a defeitos coletivos e pessoais (cf. *DV* 12). A Bíblia é Palavra de Deus em linguagem humana, pois Deus se revelou bem por dentro de nossas lutas e sofrimentos, alegrias e conquistas, virtudes e pecado (cf. *DV* 2). Tal libertação, situada no eixo religioso, visa à conversão e à construção do Reino de Deus (cf. *EN* 36 e 32). Entretanto, escolher somente textos libertadores leva facilmente a uma leitura redutiva da Bíblia (cf. *EN* 32), como pode acontecer também em outras leituras.

2.1.6. Leitura "fundamentalista"

114. O documento *Interpretação da Bíblia na Igreja*, ao tratar da *leitura fundamentalista*, deixa claro que não é isso que a Igreja deseja.[4] É uma "interpretação literal" que exclui a consideração do desenvolvimento do texto bíblico, dos gêneros literários, do modo de se expressar próprio da cultura de seus autores humano. A leitura fundamentalista propõe certezas que muitas pessoas acham tranqüilizadoras. Seu

---

[4] Pontifícia Comissão Bíblica. *A Interpretação da Bíblia na Igreja.* 2. ed. São Paulo, Paulinas, 1994. p. 82.

maior perigo tem sido o de desviar membros da comunidade das exigências de sua caminhada. Que atitudes tomar diante da leitura fundamentalista da Bíblia? Como em toda a ação educativa, será necessário um diálogo respeitoso, paciente, que trate com delicadeza os sentimentos dos interlocutores. A formação bíblica deve ser gradual, cuidadosa, para que se possa passar a uma leitura mais adequada, de modo construtivo. Um caminho a ser seguido seria proporcionar uma experiência de comunidade ou grupo acolhedor, em que se pratique uma leitura bíblica serena, orante, viva e respeitosa.

2.2. Liturgia como fonte da catequese

115. Outro lugar onde se manifesta de modo sublime a Palavra de Deus, e portanto é fonte privilegiada de catequese, é a sagrada liturgia. Tendo mencionado anteriormente este tema,[5] ele será aqui aprofundado.

2.2.1. Fundamento antropológico

116. O ser humano é, por natureza, ritual e simbólico. Refeições em família, nascimentos e mortes, festas populares, comícios, perdas e vitórias humanas são cheias de ritos. Pelo rito, expressamos o sentido da vida, oferecido e experimentado por um ser

---
[5] Cf. acima 51, 53 b.

cultural. Aderir ao rito significa abrir-se ao sentido proposto por aquele grupo e, portanto, assumir sua identidade, fazer parte dele. A observância do mandamento de Jesus: "Fazei isto em memória de mim" possibilita a adesão, sempre renovada e reforçada em cada celebração, à identidade com Ele e à comunidade cristã. A identidade, nesse caso, tem a ver com o sentido da vida, a proposta do Reino (amor, comunhão, partilha...) que Jesus ensinou, viveu e nos deixou como mandamento. A expressão ritual trabalha com ações simbólicas e estas atingem o ser humano como um todo, em suas diversas dimensões: sensorial, afetiva, mental, espiritual, individual, comunitária e social. A ligação estreita que existe entre experiência, valores e celebração nos permite formular uma espécie de lei estrutural da comunicação religiosa: aquilo que não é celebrado não pode ser apreendido em sua profundidade e em seu significado para a vida. A catequese leva em conta essa expressão de fé pelo rito para desenvolver também uma verdadeira educação para a ritualidade e o simbolismo.

2.2.2. Fundamento teológico

117. O Vaticano II considera a liturgia como celebração memorial do mistério pascal, na perspectiva da História da Salvação. A memória se faz na assembléia litúrgica pela leitura e interpretação das Sagradas

Escrituras e pela celebração da Eucaristia e dos outros sacramentos, sacramentais, ofício divino, ano litúrgico. Essa memória é realizada na força do Espírito Santo, dando graças a Deus que torna presente e nos faz participar do Mistério Pascal de seu Filho. Na ação litúrgica o Pai é adorado e glorificado, e nos cumula de bênçãos pela presença de seu Filho Jesus Cristo nos sinais sacramentais; dá-nos o Espírito de adoção filial que prepara os fiéis, recorda e manifesta-lhes a ação salvadora de Cristo. Isso acontece na Igreja e pela Igreja que é como que o instrumento e sacramento da Salvação (cf. *Catecismo* 1110-1112); pela celebração dos sagrados mistérios, a Salvação torna-se hoje presente. Por isso a liturgia é ação sagrada por excelência, cume para o qual tende a ação da Igreja e, ao mesmo tempo, fonte da qual deriva sua força, e requer uma participação plena, consciente e ativa (cf. *SC* 7, 10 e 14). A catequese bebe desta fonte e a ela conduz.

2.2.3. Liturgia e catequese

118. "Na liturgia Deus fala a seu povo, Cristo ainda anuncia o Evangelho e o povo responde a Deus com cânticos e orações" (*SC* 33): ela, ao realizar sua missão, torna-se uma educação permanente da fé. A proclamação da Palavra, a homilia, as orações, os ritos sacramentais, a vivência do ano litúrgico

e as festas são verdadeiros momentos de educação e crescimento na fé. A liturgia é fonte inesgotável da catequese, não só pela riqueza de seu conteúdo, mas pela sua natureza de síntese e cume da vida cristã (*SC* 10; *CR* 89): enquanto celebração ela é ao mesmo tempo anúncio e vivência dos mistérios salvíficos; contém, em forma expressiva e unitária, a globalidade da mensagem cristã. Por isso ela é considerada lugar privilegiado de educação da fé. "A proclamação da Palavra na liturgia torna-se para os fiéis a primeira e fundamental escola da fé" (*DGAE* 21). As festas e as celebrações são momentos privilegiados para a afirmação e interiorização da experiência da fé. O *RICA* é o melhor exemplo de unidade entre liturgia e catequese. Celebração e festa contribuem para uma catequese prazerosa, motivadora e eficaz que nos acompanha ao longo da vida. Por isso, os autênticos itinerários catequéticos são aqueles que incluem em seu processo o momento celebrativo como componente essencial da experiência religiosa cristã. É essa uma das características da *dimensão catecumenal* que hoje a atividade catequética há de assumir.

119. Há uma relação íntima entre a fé, a celebração e a vida. O mistério de Cristo anunciado na catequese é o mesmo que é celebrado na liturgia para ser vivido: "Pelos sacramentos a liturgia leva a fé e a celebração

da fé a se inserirem nas situações da vida".[6] Por essa interação, a vida cristã é discernida à luz da fé e desenvolve-se uma co-naturalidade entre culto e vida: "Acolhemos com alegria o atual anseio de, nas celebrações litúrgicas, celebrar os acontecimentos da vida inseridos no mistério pascal de Cristo".[7]

2.2.4. Catequese litúrgica

120. A catequese como educação da fé e a liturgia como celebração da fé são duas funções da única missão evangelizadora e pastoral da Igreja. A liturgia, com seu conjunto de sinais, palavras, ritos, em seus diversos significados, requer da catequese uma iniciação gradativa e perseverante para ser compreendida e vivenciada (cf. *AS* 127b, 129, 151, 153). Ambas fazem parte da natureza e da razão de ser da Igreja. Os sinais litúrgicos são ao mesmo tempo anúncio, lembrança, promessa, pedido e realização, mas só por meio da palavra evangelizadora e catequética esses seus significados tornam-se claros. É tarefa fundamental da catequese iniciar eficazmente os catecúmenos e catequizandos nos sinais litúrgicos e através deles introduzi-los no mistério pascal (*catequese mistagógica*; cf. *AS* 129a).

---

[6] CNBB. *Animação da vida litúrgica no Brasil.* São Paulo, Paulinas, 1989. n. 92 (Documentos da CNBB 43); cf. *Puebla* 922.
[7] Ibidem 50.

121. A catequese litúrgica é um processo que visa enraizar uma união madura, consciente e responsável com Cristo, sobretudo através das celebrações, e leva ao compromisso com o serviço da evangelização nas diversas realidades da vida. A catequese litúrgica prepara aos sacramentos e ajuda a vivenciá-los: leva a uma maior experiência do mistério cristão. Ela explica o conteúdo das orações, o sentido dos gestos e dos sinais, educa à participação ativa, à contemplação e ao silêncio. As fórmulas litúrgicas (particularmente as orações eucarísticas) são ricas de conteúdo doutrinal que expressam o mistério celebrado: a catequese que leva os catequizandos à sua maior compreensão deve ser considerada como "uma eminente forma de catequese" (*DGC* 71; cf. *CT* 23; *SC* 35, 3; *CDC* 777, §1 e 2).

122. O processo da formação litúrgica na catequese possui os seguintes elementos:

a) a centralidade do mistério pascal de Cristo na vida dos cristãos e em todas as celebrações;

b) a liturgia como um momento celebrativo da História da Salvação. Ela é a memória da obra da Salvação, pela qual Deus redimiu o mundo; nela essa obra é levada a efeito, projetando-a para a sua realização plena no futuro (escatologia);

c) a liturgia como exercício do sacerdócio de Jesus Cristo e ação nossa em conjunto com Ele presente na celebração, pela força do Espírito Santo;

d) a dimensão celebrativa da liturgia, como uma ação ritual e simbólica, em que a assembléia é o sujeito, e o Ressuscitado preside a oração da comunidade, atualiza a Salvação na vida e na história de seus participantes;

e) a compreensão não só intelectual dos ritos e símbolos como reveladores da ação pascal de Cristo e experiências de encontro com o Ressuscitado;

f) a dimensão comunitária da liturgia com sua variedade de ministérios, exercidos com qualidade;

g) o exercício de preparar boas celebrações, realizá-las adequadamente e proclamar claramente a Palavra;

h) a participação dos cristãos na Eucaristia como o coração do domingo (cf. *NMI* 36);

i) o aprofundamento do conhecimento da Palavra na catequese como ajuda para a celebração da Palavra de Deus, sobretudo nas comunidades, impossibilitadas de terem a celebração eucarística dominical;

j) a espiritualidade pascal, ao longo do ano litúrgico, como caminho de inserção gradativa no mistério pascal de Cristo;

k) a espiritualidade penitencial ou de conversão mediante a celebração do sacramento da Reconciliação;

l) o sentido dos sacramentos, especialmente a Eucaristia, como sinais da comunhão com Deus, em Cristo, que marcam, com sua graça, momentos fortes da vida e atualizam a Salvação no nosso dia-a-dia;

m) aprofundamento do sentido da presença de Maria no mistério de Cristo e da Igreja, e na vida de oração e serviço solidário dos cristãos, bem como a prudente e razoável devoção aos santos;

n) redimensionamento bíblico-litúrgico da religiosidade popular (bênçãos, romarias, caminhadas, novenas, festas dos padroeiros, ofícios divinos).

2.3. O *Catecismo da Igreja Católica*
 e os catecismos locais

123. A Palavra de Deus se exprime também nos *catecismos*. Eles expõem o conteúdo da fé de maneira sistemática e doutrinal, comunicativo-educativa, procurando dar razões de nossa fé. Quanto ao "*Catecismo da Igreja Católica*, se apresenta como um serviço fundamental: favorecer o anúncio do Evangelho e o ensinamento da fé, que recebem a sua mensagem do depósito da Tradição e da Sagrada Escritura confiado à Igreja, para que se realizem com total autenticidade. O *Catecismo da Igreja Católica* não é a única fonte da catequese, uma vez que, como ato do Magistério, não é superior à Palavra de Deus, mas a ela se serve. Todavia, é

um ato particularmente relevante de interpretação autêntica desta Palavra, em vista do anúncio e da transmissão do Evangelho, em toda a sua verdade e pureza" (*DGC* 125).

124. A eclosão da *modernidade* no século XV e a Reforma no século seguinte levaram a Igreja a uma revisão necessária que desembocou, entre outras coisas, na publicação de catecismos doutrinais que procuraram responder às necessidades da época. O *Catecismo Romano* (1566), encomendado pelo Concílio de Trento, foi fator importante para manter a doutrina da fé. Nos séculos seguintes, serviu de inspiração a numerosos catecismos locais, que fizeram pequenas adaptações, mas não conseguiram manter a solidez do *Catecismo Romano* e não o atualizaram. A crise de identidade, provocada pela eclosão da *pós-modernidade*, com mudanças qualitativas sem precedentes, fez com que a Sé Apostólica editasse, para a Igreja, o *Catecismo da Igreja Católica* (1992/1997), o segundo desse tipo em nossa história, e seu *Compêndio* (2005).

2.3.1. Valor e significado do *Catecismo da Igreja Católica* e seu *Compêndio*

125. O *Catecismo* deseja ser uma exposição da fé da Igreja e da doutrina católica, atestadas e iluminadas pelas Sagradas Escrituras, pela Tradição Apostólica

e pelo Magistério da Igreja.[8] O *Diretório Geral para a Catequese* apresenta-o como "ato do Magistério do Papa, com o qual, no nosso tempo, ele sintetiza normativamente, em virtude de sua autoridade apostólica, a globalidade da fé católica e a oferece, antes de tudo, às Igrejas, como ponto de referência para a exposição autêntica da fé" (n. 120). Ele não se sobrepõe à Bíblia, mas nos ajuda a lê-la no chão de nossa história e à luz de nossa fé. Desse modo, Bíblia e *Catecismo* estarão a serviço da experiência de fé, testemunhada na comunidade.

126. O *Catecismo* é um projeto de grande alcance, instrumento a serviço da comunhão eclesial e deseja fomentar o vínculo da unidade, facilitando nos discípulos de Jesus a profissão da única fé recebida dos apóstolos. Seu eixo central é o cristocentrismo trinitário e a sublimidade da vocação cristã da pessoa humana: orienta-se em direção a Deus e à pessoa humana (cf. *DGC* 121 e 123), pois, "na Revelação do mistério do Pai e de seu amor, Cristo manifesta plenamente o homem ao próprio homem e lhe descobre a sua altíssima vocação" (*GS* 22).

2.3.2. Integridade da mensagem

127. Sagrada Escritura, liturgia e catequese, e com esta os catecismos, educam o cristão a abrir-se a tudo

---

[8] Cf. João Paulo II, *Fidei Depositum*, 2d.

o que Deus revela e propõe. Mais que verdades da fé, trata-se da Verdade que é antes de tudo uma pessoa, Jesus Cristo. Abrimo-nos a Ele o mais que pudermos. Também a vida do fiel e o processo histórico em que está inserido e engajado são elementos essenciais do conteúdo da catequese, em interação com a mensagem evangélica (cf. *DGC* 133, nota 5). Portanto, além da integridade doutrinal, há também uma integridade da vida, o que inclui valores éticos e morais, em nível pessoal e social. Em ambos os elementos da interação entre as *formulações da fé* e a *vida*, há, pois, uma exigência de integridade, com a consciência realista de que, em termos quantitativos, nunca a esgotaremos. Trata-se de generosa disponibilidade: será essa a preocupação principal da catequese (cf. *TM* 113s).

128. A mensagem evangélica, *integral* no sentido acima, será proposta de maneira *gradual*, seguindo o exemplo da pedagogia divina, como se manifesta na Bíblia. Crescemos gradualmente no conhecimento do Mistério de Deus; estamos conscientes de determinadas exigências do Evangelho bem mais do que séculos atrás. E, à luz do Espírito Santo, continuaremos a entender melhor a riqueza que o Evangelho nos traz. Daí, especialmente com adultos, a necessidade de catequese permanente, bem além da preparação para os sacramentos em idade infanto-juvenil. Além disso, ao longo da vida,

circunstâncias especiais poderão exigir catequese apropriada. Respeitando a gradualidade, não haja receio de apresentar as exigências evangélicas. A mensagem de Jesus é radical e pode assustar (cf. Mt 10,37; 16,24 e paral.). Quem caminhar com Ele experimentará que seu jugo se torna leve (cf. Mt 11,30; *DGC* 112).

2.3.3. Hierarquia de verdades e normas

129. Na mensagem cristã, há uma hierarquia de verdades e de normas, segundo a diversidade de seu nexo com o fundamento da fé cristã (cf. *UR* 11, 3). Algumas são mais fundamentais que outras. Seguindo as grandes linhas do *Catecismo da Igreja Católica* e seu *Compêndio*, podemos resumir assim o conjunto das verdades que professamos em nossa fé:

   a) *crer* em Deus, uno e trino, Pai, Filho e Espírito Santo, em seu mistério de Salvação;

   b) *celebrar* o mistério pascal nos sacramentos, que têm o Batismo e a Eucaristia como centro;

   c) *viver* o grande mandamento do amor a Deus e ao próximo, buscando a santidade;

   d) *rezar* para que o Reino de Deus se realize.

130. Esses conteúdos se referem à fé crida, celebrada, vivida e rezada, e constituem um chamado à educação cristã integral (cf. *DGC* 122). A estas *quatro colunas* da exposição da fé que provêm da tradição

dos catecismos (o símbolo, os sacramentos, as bem-aventuranças-decálogo e o Pai-Nosso), deve-se acrescentar a dimensão narrativa da História da Salvação, com suas três etapas, que provêm da Tradição patrística (o Antigo Testamento, a vida de Jesus Cristo e a História da Igreja). O *Diretório Geral para a Catequese* fala de *"sete pedras fundamentais*, base tanto do processo da catequese de iniciação como do itinerário contínuo do amadurecimento cristão" (n. 130; cf. 128).

131. Outras expressões da fé se baseiam nesses pontos fundamentais como conseqüências dos mesmos. A devoção à Mãe de Jesus e aos santos será vista no contexto do seguimento de Jesus Cristo e confiança no Pai. Aparições, milagres, anjos, devoções, lugares sagrados e outros temas que podemos abordar na catequese e que são apreciados pela religiosidade popular têm sentido quando estiverem ligados aos pontos fundamentais e forem por eles iluminados.[9] Os livros de espiritualidade se orientarão pelas Sagradas Escrituras, pela liturgia e pelo compromisso com o Reino, e não tanto por aspectos subjetivos de espiritualidades particulares.

---

[9] Cf. COMISSÃO EPISCOPAL DE DOUTRINA (CNBB). *Aparições e revelações particulares*. São Paulo, Paulinas, 1990 (Subsídios Doutrinais da CNBB 1). O texto esclarece e oferece critérios e orientações sobre esse tema.

2.3.4. *O Catecismo da Igreja Católica* em função dos catecismos locais

132. Conforme João Paulo II, o *Catecismo* "destina-se a encorajar e ajudar a redação de novos catecismos locais, que tenham em conta as diversas situações e culturas, mas que conservem cuidadosamente a unidade da fé e a fidelidade à doutrina católica". O assunto mereceu preciosos comentários no *Diretório Geral para a Catequese* (cf. sobretudo nn. 131-136). Entre outras coisas as Conferências Episcopais são encorajadas para que preparem textos catequéticos, fiéis aos conteúdos essenciais da Revelação e atualizados no que se refere ao método, em condições de educar para uma fé vigorosa as gerações cristãs dos tempos novos (cf. *CT* 50). Quanto ao seu *Compêndio*, é apresentado como "uma síntese fiel e segura do *Catecismo da Igreja Católica*; contém, de forma concisa, todos os elementos essenciais e fundamentais da fé da Igreja".[10]

133. Simplesmente resumir o *Catecismo* desvirtuaria tanto os seus próprios objetivos, como também a natureza de um catecismo local (cf. *DGC* 135, nota 52). O *Diretório Geral para a Catequese*, depois de dizer que se trata de "preparar verdadeiros ca-

---

[10] BENTO XVI, Moto-Próprio de 28 de junho de 2005 para a aprovação do *Compêndio* do *Catecismo da Igreja Católica*.

tecismos", descreve rapidamente como eles devem ser: "Nos *catecismos locais*, a Igreja comunica o Evangelho de maneira acessível à pessoa humana, a fim de que esta possa realmente apreendê-lo como Boa-Nova de Salvação. Os catecismos locais se convertem, assim, em expressão palpável da admirável condescendência de Deus e do seu amor inefável pelo mundo" (n. 131). Portanto, o que mais importa não é definir e classificar conceitos teológicos com toda exatidão: estamos diante do mistério! Trata-se, sim, de encontrar a maneira acessível de entrar em comunicação com a pessoa (*singular!*) e com a comunidade eclesial, para tornar palpável (*experiência!*) a condescendência, o amor de Deus. Mais que mestre em teologia, o autor de catecismos precisa ser testemunha, irmão sábio, humilde, bom, misericordioso, que vive e sabe transmitir a mensagem evangélica. Isso não dispensa alguns cuidados especiais, tratados a seguir.

2.3.5. Elaborar um catecismo: uma tarefa partilhada

134. O *Diretório Geral para a Catequese* lembra a exortação de Paulo VI no final da *Evangelii Nuntiandi*: "As Igrejas particulares profundamente amalgamadas não apenas com as pessoas, mas também com as aspirações, as riquezas e os limites, os modos de rezar, de amar e de considerar a vida e o mundo, que distinguem um determinado ambiente humano,

têm a tarefa de assimilar o essencial da mensagem evangélica, de traduzi-la na linguagem compreendida por estas pessoas sem a mínima alteração de sua verdade fundamental, e, a seguir, de anunciá-la na mesma linguagem" (n. 63). Redigir um catecismo é um processo: exige tempo de maturação; permanece como objetivo importante para o episcopado, que tem no *Catecismo da Igreja Católica* um texto de referência seguro e autorizado (cf. DGC 135, nota 55). A experiência positiva dos últimos decênios recomenda envolver a participação dos Regionais da CNBB e das forças vivas interessadas na elaboração de qualquer subsídio de nível nacional. Para isso o *Diretório Geral para a Catequese* oferece orientações bem desenvolvidas que merecem ser seguidas (cf. nn. 131-136).

3. Na comunidade: interação entre Bíblia, liturgia, *Catecismo*, Magistério, a serviço do Reino

135. Um esboço que foi semente do gênero "catecismo", na Igreja antiga, é o interrogatório aos catecúmenos antes do Batismo. Naquela *avaliação* durante o ato litúrgico, já está presente a interação entre Bíblia, formulação da fé e vida do catecúmeno. Perguntas e respostas não são simplesmente matéria a ser estudada e sabida. Constituem o acabamento da ca-

tequese eminentemente bíblica, o momento em que o catecúmeno demonstra que não ficou só ouvindo a Bíblia, mas dela se alimentou e impregnou.

136. Hoje a adequada correlação entre *Catecismo* e Bíblia está admiravelmente expressa nestas palavras: "A Sagrada Escritura como Palavra de Deus escrita sob a inspiração do Espírito Santo e o *Catecismo da Igreja Católica*, enquanto relevante expressão atual da Tradição viva da Igreja e norma segura para o ensinamento da Fé, são chamados, cada um a seu próprio modo e segundo a sua específica autoridade, a fecundar a catequese na Igreja contemporânea" (*DGC* 128).

137. Em síntese: Bíblia, liturgia, *Catecismo* e outras formulações da fé, vivenciadas em íntima correlação e em interação na comunidade, orientam nossa vida, de modo que seja comprometida com a causa do Reino. São as Igrejas locais, em fraterna comunhão entre si e com a Sé Apostólica, que melhor conseguirão articular esse projeto catequético. Aí, sim: "Caminhamos na estrada de Jesus" (*Oração Eucarística V*).

II.
ORIENTAÇÕES PARA A CATEQUESE NA IGREJA PARTICULAR

Capítulo 5

CATEQUESE COMO EDUCAÇÃO DA FÉ

> "Filipe acorreu, ouviu o eunuco ler o profeta Isaías e perguntou: 'Tu compreendes o que estás lendo?' O eunuco respondeu: 'Como poderia, se ninguém me orienta'. Então convidou Filipe a subir e a sentar-se junto dele" (At 8,30-31).

1. O modo de proceder de Deus e a pedagogia catequética

1.1. Como Deus-Pai agiu na história

138. A Sagrada Escritura apresenta Deus como educador da nossa fé. Ela revela diversos modos de interação entre Deus e seu povo: "Reconhece, pois, em teu coração que, como um homem corrige o seu filho, assim te corrige o Senhor teu Deus" (Dt 8,5). Apresenta-se, também, como um sábio que assume as pessoas nas condições em que elas se encontram (cf. Sl 103,3-6); liberta-as do mal e convida-as a viverem no amor a fim de crescerem progressivamente na fé, até a maturidade de Cristo (cf. Ef 4,13-15).

139. Deus, como educador da fé, comunica-se através dos acontecimentos da vida do seu povo, de forma adequada à situação pessoal e cultural de cada um, levando-o a fazer a experiência de seu mistério. Sua pedagogia parte da realidade das pessoas, acolhendo-as e respeitando-as na originalidade de sua vocação ou interpelando-as à conversão. No Povo de Deus havia uma forma eficiente de catequese narrativa e celebrativa, que transmitia a fé e os ensinamentos do Senhor, de geração em geração, para que o povo pudesse se deixar guiar pelo seu projeto de amor (cf. Ex 24,10; Dt 5,2-4; Js 24,17; Is 51,1b).

1.2. O modo de proceder de Jesus

140. A pedagogia catequética tem como modelo sobretudo o proceder de Jesus Cristo, que, a partir da convivência com as pessoas, deu continuidade ao processo pedagógico do Pai. Levou à plenitude, por meio de sua vida, palavras, sinais e atitudes, a Revelação divina, iniciada no Antigo Testamento. Motivou os seus discípulos a viverem de acordo com os seus ensinamentos e plantou a semente da sua comunidade, a Igreja, para transmitir, de geração em geração, a mensagem da Salvação e a pedagogia que Ele mesmo ensinou com sua vida.

141. A catequese inspira-se nestes traços da pedagogia de Jesus:

a) o acolhimento às pessoas, preferencialmente aos pobres, pequenos, excluídos e pecadores (cf. Mt 18,12-14);

b) o anúncio do Reino de Deus, como a Boa Notícia da verdade, da liberdade, do amor, da justiça, que dá sentido à vida (cf. Lc 4,17-22; 17,20-21);

c) o convite amoroso para viver a fé, a esperança e a caridade por meio da conversão no seu seguimento (cf. Mc 1,15; Mt 11,28-30);

d) o envio aos discípulos para semearem a Palavra em vista da transformação libertadora da sociedade (cf. Mc 6,6b-13);

e) o convite para assumirem, com radicalidade evangélica, o crescimento contínuo da fé, através do mandamento novo do amor, o princípio pedagógico fundamental (cf. Mt 17,20; Lc 13,16; Jo 13,34; Lc 10,29-37);

f) a atenção às necessidades, às situações bem concretas da vida e aos valores culturais próprios do povo, provocando reflexão para uma mudança de vida;

g) a conversa simples, acessível, utilizando narrativas, comparações, parábolas e gestos, adaptando-os aos seus seguidores e demais interlocutores;

h) a firmeza permanente diante das tentações, das crises, da cruz, buscando a força na oração.

1.3. A AÇÃO DO ESPÍRITO SANTO NA EDUCAÇÃO DA FÉ

142. O Espírito Santo é o princípio inspirador de toda atividade catequética. Ele é o "Mestre interior" que, no segredo da consciência e do coração, faz compreender as palavras e os gestos salvíficos de Jesus. Essa é a dimensão espiritual da catequese que, enquanto ação eclesial em favor do crescimento da fé, é obra do Espírito Santo, obra que somente Ele pode suscitar e alimentar na Igreja (cf. *CT* 72).

143. Na fidelidade a essa pedagogia interior do coração, a catequese procura a síntese entre o *conhecimento intelectual* e a *experiência amorosa* da vida em Deus. Há uma mensagem a ser conhecida que se encontra privilegiadamente nas Escrituras Sagradas, na Tradição, na liturgia, no Magistério da Igreja, nos sinais dos tempos... A catequese esclarece e estimula a experiência e vivência no Espírito que o catequizando faz na liturgia, no ano litúrgico e na oração cotidiana, como o caminho de crescimento na fé.

144. Há também uma *experiência existencial*, pessoal e comunitária de Deus, que é da vida, do coração, da contemplação, da relação consigo, com os outros, com a natureza e com Deus. Uma experiência que tem a marca do amor, amor que privilegia, a exemplo de Jesus, os mais necessitados. É esse o caminho da catequese, iluminado pela ação do Es-

pírito Santo: anuncia a verdade revelada, cria meios para a comunhão filial com Deus, a construção da comunidade de irmãos, o estabelecimento da justiça, da solidariedade, da fraternidade.

1.4. O MODO DE PROCEDER DA IGREJA

145. A catequese olha também para a prática pedagógica da Igreja, que, como mãe e educadora da fé, procura imitar a pedagogia divina. Ela, desde o seu começo, quis formar comunidades que fossem exemplo vivo dos valores do Evangelho (cf. Lc 24,48). Ainda hoje, sua credibilidade depende dessa fidelidade ao projeto de Jesus. Por isso, a vida de seus mártires e santos sempre foi considerada como testemunho catequético ("pedagogia do herói"). Também sua ação no mundo transmite o que ela é e crê. Todos os fiéis cristãos são chamados a transformar o mundo segundo o Evangelho. Mas isso pertence mais, como missão própria, aos fiéis leigos, que, desenvolvendo com competência sua profissão, sua vida familiar e seu empenho político-social, são os protagonistas da fermentação evangélica do mundo a partir de seu interior. A Campanha da Fraternidade, por exemplo, educa os católicos na fé, e também comunica ao mundo que tipo de compromisso a Igreja tem na transformação da realidade por fidelidade ao Evangelho. A dedicação de tantos missionários, por si só, é uma pregação

dos valores nos quais a Igreja crê, uma catequese movida pela força do exemplo. A vida de cada comunidade eclesial precisa ser coerente com o Evangelho, mobilizadora pela própria maneira de ser, de agir (cf. At 4,32-35; 5,12-16). Sem isso, a melhor catequese estaria exposta a uma crise, caso o catequizando não encontre na face concreta da Igreja particular e local um sinal de que é possível viver com autenticidade o seguimento de Jesus.[1]

1.5. A ORIGINALIDADE DA PEDAGOGIA DA FÉ

146. A pedagogia catequética tem uma originalidade específica, pois seu objetivo é ajudar as pessoas no caminho rumo à maturidade na fé, no amor e na esperança. A fé é um dom de Deus, é uma adesão pessoal a Ele. É a resposta livre da pessoa à iniciativa de Deus que se revela. Para isso, Deus se serve de pessoas, grupos, situações, acontecimentos. A Igreja é mediadora nesse encontro misterioso entre Deus e a pessoa humana. E, em seu nome, os catequistas sentem a responsabilidade de serem mediadores especiais para que catecúmenos e catequizandos cheguem ao conhecimento da verdade e da Salvação (cf. 1Tm 2,4; Tt 1,1). O amor por Jesus e pelas pessoas impulsiona o catequista a falar a outros da fé:

---
[1] Cf. acima 51-52; e abaixo 175.

cada catequista é como um elo na grande corrente dos que têm fé (cf. *Catecismo* 166); mas precisa estar entusiasmado por aquilo que crê, alegre por estar em processo de permanente conversão, disposto a fazer diferença num mundo marcado por tanta coisa contrária ao projeto de Deus.

147. Os objetivos inspirados na pedagogia da fé são alcançados pela catequese da seguinte forma:

a) impulsionando a pessoa a aderir livre e totalmente a Deus, promovendo uma progressiva e coerente síntese entre a plena adesão do ser humano a Deus e o conteúdo da mensagem cristã;

b) introduzindo no conhecimento vivo da Palavra de Deus contida na Bíblia e desenvolvendo as dimensões da fé, tendo como referência o *Catecismo da Igreja Católica*;[2]

c) ajudando no discernimento vocacional das pessoas (cf. *DGC* 144) para que assumam na Igreja e na sociedade, a partir da fé, o seguimento de Jesus do modo mais condizente com suas potencialidades, aspirações, como escolha existencial, colocada sob o olhar de Deus.

148. A dimensão espiritual dessa pedagogia da fé exige ainda as seguintes atitudes:

---

[2] Cf. acima 123-131.

a) clima de acolhimento e docilidade para o dom do Espírito, diante do qual se impõe uma atitude de humildade e obediência: embora a metodologia, as técnicas pedagógicas e a personalidade humana do catequista sejam importantes, nada substitui a ação silenciosa e discreta do Espírito Santo. Ele é o principal catequista. No exercício de seu ministério, muitas vezes o catequista deverá refugiar-se no silêncio, na discrição e, sobretudo, na oração, sabendo esperar e respeitar a ação do Espírito;

b) ambiente espiritual de oração e recolhimento: a catequese é sempre uma palavra dita "no Espírito", em clima espiritual e de oração. Isso não significa renúncia à racionalidade nem perda do espírito crítico, mas alegria interior de uma atividade aberta ao Espírito;

c) palavra dita com autoridade e fortaleza: o catequista, como os profetas guiados pelo Espírito, pronuncia uma palavra corajosa, criativa, segura, pois tem consciência de ser enviado por Deus e sabe que sua força reside em Deus, uma vez que está agindo em comunhão com a comunidade. Diante dessa grave missão, o catequista precisa de sólida formação, humildade, senso de responsabilidade, espiritualidade e inserção na comunidade.

1.6. Fidelidade a Deus e à pessoa humana

149. A catequese, inspirada na pedagogia de Deus, busca incentivar a participação ativa dos catequizandos, pois eles são o sujeito do processo educativo (cf. *DGC* 145). Assim, a catequese tem a missão permanente de inculturar-se, buscando uma linguagem capaz de comunicar a Palavra de Deus e a profissão de fé (*Credo*) da Igreja, conforme a realidade de cada pessoa. De fato, um fruto importante do Espírito Santo na evangelização e na catequese é a inculturação que procura assumir as realidades humanas, iluminando-as com o Evangelho. Nisso segue o exemplo do Verbo Divino que se fez carne, assumiu a natureza humana e a cultura de um povo conforme o seu tempo (cf. *EN* 18 e 20).

2. Catequese como processo educativo

2.1. A catequese e as ciências pedagógicas

150. Em todas as épocas, a Igreja preocupou-se em buscar os meios mais apropriados para o cumprimento de sua missão evangelizadora (cf. *CT* 46). Ela não possui um método único e próprio para a transmissão da fé, mas assume os diversos métodos contemporâneos na sua variedade e riqueza, desde que respeitem integralmente os postulados de uma

antropologia cristã e garantam a fidelidade do conteúdo. Utiliza-se das ciências pedagógicas e da comunicação, levando em conta a especificidade da educação da fé.

151. O catequista necessita de algum conhecimento de ciências humanas que possa oferecer boas indicações para o seu trabalho educativo. A filosofia, a psicologia, a sociologia, a biologia ajudam a compreender as pessoas e seus relacionamentos, nas diversas situações em que se encontram. A sensibilidade do catequista para os problemas e aspirações dos catequizandos pode aprimorar-se a partir dessas áreas de conhecimento. Na comunicação há muito a aprender do que o mundo vem descobrindo. Um catequista que gosta de aprender, também fora do âmbito da Igreja, será mais criativo e terá mais recursos para dar conta da sua missão (cf. *CT* 58).

2.2. Variedade de métodos

2.2.1. O princípio metodológico da interação entre fé e vida

152. O método da catequese é fundamentalmente o caminho do seguimento de Jesus (cf. Marcos; Mt 16,24; Lc 9,23; Jo 14,6 etc.). *Catequese Renovada* coloca como base e referência para a pedagogia da fé o "princípio metodológico da interação entre fé

e vida". Assim o descreve: "Na catequese realiza-se uma *inter-ação* (= um relacionamento mútuo e eficaz) entre a experiência de vida e a formulação da fé; entre a vivência atual e o dado da Tradição. De um lado, a experiência da vida levanta perguntas; de outro, a formulação da fé é busca e explicitação das respostas a essas perguntas. De um lado, a fé propõe a mensagem de Deus e convida a uma comunhão com Ele; de outro, a experiência humana é questionada e estimulada a abrir-se para esse horizonte mais amplo" (n. 89; cf. 92-98). Essa confrontação entre a formulação da fé e as experiências de vida possibilita uma formação cristã mais consciente, coerente e generosa. Não se trata tanto de um método, quanto de um *princípio metodológico*, que perpassa todo conteúdo da catequese. Textos e manuais dão orientações práticas de como operacionalizar o *princípio de interação entre fé e vida*, sugerindo um novo modo de organizar o processo catequético: não mais como os tradicionais *planos de aulas*, mas através de um roteiro de *atividades evangélico-transformadoras*. É um itinerário educativo, que vai além da simples transmissão de conteúdos doutrinais desenvolvidos nos encontros catequéticos. Esses roteiros contemplam um processo participativo de acesso às Sagradas Escrituras, à liturgia, à doutrina da Igreja, à inserção na vida da comunidade eclesial e a experiências de intimidade com Deus (cf. *CR* 135-136 e 157-158; *TM* 125-136 e 189-195).

153. Tanto o conteúdo do *Catecismo da Igreja Católica*, quanto o método e os subsídios didáticos a serem utilizados (como, por exemplo, *Compêndio* do *Catecismo da Igreja Católica*) estão a serviço da interação entre fé e vida: aproximação, assimilação e vivência da Palavra de Deus e dos ensinamentos da Igreja; e a serviço das pessoas para que se encaminhem para a maturidade na fé, sejam ativas na Igreja e evangelizadoras eficientes na missão. O uso de um bom método garante a fidelidade ao conteúdo.

154. Essa interação se estabelece também nas celebrações: o mistério de Cristo anunciado na catequese é o mesmo que é celebrado na liturgia para ser vivido, pois "pelos sacramentos a liturgia leva a fé e a celebração da fé a se inserirem nas situações da vida".[3] Por esse método, a vida cristã é discernida à luz da fé e desenvolve-se uma co-naturalidade entre culto e vida: "Acolhemos com alegria o atual anseio de, nas celebrações litúrgicas, celebrar os acontecimentos da vida inseridos no mistério Pascal de Cristo".[4]

2.2.2. Método indutivo e dedutivo

155. A catequese usa tanto o método indutivo como o dedutivo, porque ambos, de maneiras diferentes,

---

[3] CNBB. *Animação da vida litúrgica no Brasil.* São Paulo, Paulinas, 1989. n. 92 (Documentos da CNBB 43); cf. *Puebla* 922.
[4] Ibidem 50.

prestam-se à interação entre fé e vida. O método indutivo parte do particular para o geral. No caso da catequese, parte-se das situações, inquietações humanas e experiências religiosas para chegar às respostas da fé. O método dedutivo parte de um dado mais geral (Bíblia, Magistério, doutrina, formulações litúrgicas...), para "deduzir" daí as conclusões práticas, específicas, particulares para cada situação. Na catequese, isso significa apresentar as verdades fundamentais e, a partir daí, ver as conseqüências de sua aplicação aos problemas humanos. Haverá situações em que um tipo de método será mais fácil ou mais eficiente do que o outro. O bom conhecimento das diversas possibilidades metodológicas facilitará para o catequista o discernimento sobre a maneira de proceder em cada caso.

156. Entre ambos há uma sintonia e complementação, como aponta o *Diretório Geral para a Catequese*: "O método indutivo não exclui, antes exige, o método dedutivo, que explica e descreve os fatos, a partir de suas causas. Mas a síntese dedutiva terá pleno valor somente quando tiver sido realizado o processo indutivo" (n. 150).

2.2.3. O método *ver-julgar-agir*

157. O método *ver-julgar-agir*, por experiência e tradição na pastoral latino-americana, tem trazido segurança e eficácia na educação da fé, respondendo às

necessidades e aos desafios vividos pelo nosso povo. Entre nós o termo julgar está sendo substituído por *iluminar*. Nesse processo do *ver-iluminar-agir* acrescentaram-se o *celebrar e o rever*. Não são passos estanques nem seqüência de operações, mas trata-se de um processo dinâmico na educação da fé.

158. VER é um olhar crítico e concreto a partir da realidade da pessoa, dos acontecimentos e dos fatos da vida. A catequese motiva os catequizandos a conhecer e analisar criticamente a realidade social em que vivem, com seus condicionamentos econômicos, socioculturais, políticos e religiosos. É necessário que o próprio catequista tenha uma formação contínua, para que se habitue a fazer análise de conjuntura e sensibilizar-se com os problemas da realidade, descobrindo os sinais dos tempos. O ver cristão já traz em si a iluminação da fé.

159. ILUMINAR é o momento de escutar a Palavra de Deus. Implica a reflexão e o estudo que iluminam a realidade, questionando-a pessoal e comunitariamente. Para acolher a realidade, como cristãos, é necessária a conversão contínua na busca da vontade do Pai. Com abertura à presença do Espírito Santo, na escuta orante da Palavra de Deus, com atitude contemplativa e fidelidade à mesma Palavra, à Tradição e ao Magistério, o catequista cresce na capacidade de questionar a realidade.

160. AGIR é o momento de tomar decisões, orientando a vida na direção das exigências do projeto de Deus.

É o tempo de vivenciar e assumir conscientemente o compromisso e dar as necessárias respostas para a renovação da Igreja e a transformação da realidade. Isso exige de catequistas e catequizandos confiança em Deus, coerência entre fé e vida e a fortaleza para acolher as mudanças que são necessárias na caminhada da sociedade e na sua vida pessoal, com suas profundas exigências éticas e morais. O *agir* é compromisso de viver como irmãos, promover integralmente as pessoas e as comunidades, servir aos mais necessitados, lutar por justiça e paz, denunciar profeticamente e transformar evangelicamente as estruturas e as situações desumanas, buscando o bem comum. O compromisso do agir aparece hoje muito enriquecido com os princípios e critérios expostos no *Compêndio da Doutrina Social da Igreja* (2005), que fundamenta e aplica nas realidades sociais uma ética e uma moral cristãs.

161. CELEBRAR é momento privilegiado para a experiência da graça divina. É o feliz encontro com Deus na oração e no louvor, que anima e impulsiona o processo catequético. Supera a oração puramente rotineira. A dimensão orante e celebrativa deve caracterizar a catequese, para que ela não caia na tentação de ser feita de encontros só de estudo e compreensão intelectual da mensagem evangélica. A celebração também educa a pessoa e o grupo

para a oração e contemplação, para o diálogo filial e amoroso, pessoal e comunitário com o Pai. A dimensão catecumenal da catequese tem aqui sua maior expressão.

162. REVER é o momento para sintetizar a caminhada catequética, valorizar os catequistas e os catequizandos, aprofundar as etapas do planejamento proposto, revendo os conteúdos e os compromissos assumidos. O rever é o *ver* de novo a caminhada da catequese; é tomar consciência, hoje, de como agimos ontem para melhor agir amanhã. Faz surgir novos questionamentos para ajudar a tomar decisões e determinar o grau de eficácia e de eficiência, favorecendo uma contínua realimentação. O rever é um momento dinâmico, e constitui uma espiral que nos lança para a frente numa caminhada contínua na construção do Reino. Para rever com eficiência a sua ação, os catequistas devem ter um conhecimento básico dos princípios de planejamento participativo e a atitude firme de levar em conta as avaliações feitas, mudando o que deve ser mudado, libertando-se de rotinas paralisantes, confirmando a caminhada feita sob o impulso do Espírito Santo.

2.2.4. Linguagem, meios e instrumentos

163. No método, são importantes a linguagem adequada e os meios didáticos. É necessário saber adaptar-se aos interlocutores, usando uma linguagem

compreensível, levando em conta idade, cultura e circunstâncias. Às vezes a transmissão da mensagem evangélica fica prejudicada pelo uso de uma linguagem inadequada. Paulo VI chama a atenção para esse perigo e exorta: "O cansaço que hoje provocam tantos discursos ocos, e a atualidade de muitas outras formas de comunicação não devem diminuir a permanente validade da Palavra, nem levar a perder a confiança nela. A Palavra continua a ser sempre atual, sobretudo quando ela for portadora da força divina" (*EN* 42). A catequese faz uso da linguagem bíblica, histórico-tradicional (*Credo*, *liturgia*), doutrinal, artística e outras. É preciso, porém, estimular novas expressões do Evangelho com linguagens renovadas e comunicativas como a linguagem sensorial e midiática (rádio, TV, internet) e outras. O emprego dos meios didáticos e o uso de instrumentos de trabalho são úteis e mesmo necessários para a educação da fé. Por isso, a Igreja capacita os catequistas para resgatar e assumir os valores da cultura do povo, estimulando a inculturação do Evangelho (cf. *DGC* 208).

2.2.5. Método de trabalho em grupo

164. É importante trabalhar em grupo para favorecer o desenvolvimento dos valores individuais e coletivos dentro de um determinado campo social e catequético. A técnica de oficinas, aplicada à catequese, ajuda

a realizar uma reflexão participativa e a promover o encontro da teoria com a prática na evangelização. É uma técnica que desenvolve um tema mediante a construção coletiva, confrontando-o com a Palavra de Deus e com a vivência comunitária. Visa à caminhada catequética e à solução de problemas; é o lugar para fazer pensar, redescobrir, reinventar novas formas de ver e de rever a prática, de conviver e agir segundo o Evangelho.

2.3. A experiência humana na educação da fé

165. Não há comunicação religiosa sem experiência vital. Por isso, ela é essencial na catequese. É nela que a graça age; de fato, "a experiência humana é o âmbito de manifestação e de realização da Salvação, onde Deus, coerentemente com a pedagogia da encarnação, alcança a pessoa com sua graça e a salva" (*DGC* 152c). A Palavra de Deus não pode ficar no abstrato, mas precisa encontrar eco na vida. A riqueza da mensagem evangélica permanece ineficaz e como que extrínseca e superficial se não se levar seriamente em conta a experiência dos catequizandos, o contexto em que vivem, as barreiras que têm, os sonhos e esperanças que alimentam. Em vez de ir fornecendo respostas, teríamos que ouvir as perguntas que os catequizandos já trazem, em especial se se trata de adultos. O desejo de Deus e do bem faz parte da pessoa humana. Perceber como

isso se manifesta em cada pessoa ajuda o catequista a tornar relevante a comunicação da esperança e da fé cristãs. Nessa experiência humana podemos incluir as inquietações e problemas humanos sérios que são retratados em boas obras de cinema, literatura, música, teatro. Os bons artistas têm o dom de expressar de forma impactante a experiência humana. A catequese pode aproveitar o talento desses parceiros.

2.4. A MEMORIZAÇÃO NA CATEQUESE

166. A catequese faz parte da "memória da Igreja", entendida sobretudo como "memorial": manter viva entre nós a presença do Senhor, trazer para hoje o mistério salvífico, realizado historicamente há tantos séculos, fazendo-nos dele participar, pela ação do Espírito Santo. A liturgia, particularmente os sacramentos, é celebração do *memorial dos mistérios da Salvação*. A catequese inicia os cristãos na compreensão desses mistérios. É por isso que a "memorização", segundo a *Catequese Renovada*, tem um sentido mais rico do que o tradicional de "aprender de cor" a doutrina cristã (cf. n. 141). Saber "de cor" ou "decorar" significa saber "de coração". Portanto, o que se memoriza deve antes passar pelo coração, pela experiência, pelo sentimento de quem aprende, e isso se faz, antes de tudo, pela vivência e celebração: o repetir ritualmente gestos, sinais,

palavras... vai repercutir na vida, ajudando a guardar no coração e não apenas na cabeça.

167. Como recurso didático, é necessária a memorização das palavras de Jesus, das passagens bíblicas importantes, dos dez mandamentos, das fórmulas da profissão de fé, dos textos litúrgicos e orações mais importantes e das noções principais da doutrina (cf. *CT* 55). Portanto, não deve ser descuidada e, menos ainda, abandonada. Os textos interiorizados sejam memorizados e compreendidos pouco a pouco na sua profundidade, a fim de se tornarem fonte de vida cristã pessoal e comunitária. Portanto, deve ser evitada a assimilação insuficiente, reduzida ao saber fórmulas que se repetem sem nenhum aprofundamento.

2.5. A COMUNICAÇÃO SOCIAL A SERVIÇO DA CATEQUESE

168. O mundo das comunicações está unificando a humanidade. A globalização, além de econômica, é também fruto da aproximação de acontecimentos e pessoas distantes, devido ao desenvolvimento da comunicação. Surge uma variedade, cada vez maior, de linguagens e símbolos, métodos dinâmicos para a comunicação de todo tipo de mensagem. Nestes últimos tempos, a comunicação social desenvolveu-se com poderosos recursos tecnológicos. A evangelização não pode prescindir, hoje, dos meios de

comunicação e da cultura que deles está nascendo. A cultura da *mídia*, com efeito, mostra a existência de linguagens diferentes da linguagem lógico-científica. Impulsiona outras relações entre memória e imediatez, característica típica de nosso tempo, e é um lugar de debate ético que procede mais por dilemas do que por definições rígidas. A cultura midiática está produzindo fenômenos importantes na vida dos interlocutores da catequese. A *mídia*, para muitos, torna-se o principal instrumento de informação e de formação, guia e inspiração dos comportamentos individuais. Diante disso, há novas exigências para a catequese.[5]

169. A Igreja reconhece que os meios de comunicação social podem ser fatores de comunhão e contribuem para a integração entre as pessoas (cf. *AS* 137-140). Entretanto, muitas vezes, são veículos de propaganda do materialismo e do consumismo reinantes, gerando falsas expectativas e o desejo competitivo. O bom uso dos meios de comunicação social requer dos agentes de catequese um sério esforço de conhecimento, competência e de atualização qualificada. É bom lembrar que "não é suficiente usá-los para difundir a mensagem cristã e o Magistério da Igreja,

---

[5] Cf. Sociedade de Catequetas Latino-americanos (Scala). *As linguagens da cultura da mídia e a catequese.* São Paulo, Salesiana, 2001. III, nn. 23-35.

mas é necessário integrar a mensagem nessa nova cultura, criada pelas modernas comunicações, com novas linguagens, novas técnicas, novas atitudes psicológicas" (cf. *RMi* 37; cf. *DGC* 161).

170. A catequese tem a missão também de se preocupar com os operadores e os usuários da comunicação. Comunicadores e receptores, abertos aos valores cristãos, serão capazes de colocar a comunicação a serviço do bem comum e de exercer uma função crítica em relação ao que é comunicado e ao que acontece na sociedade. É essencial habilitar os catequistas para a comunicação da mensagem do Evangelho, através da mídia, principalmente os mais jovens e nascidos nessa cultura midiática, cuja linguagem mais facilmente entendem. Recorde-se que "no uso e na recepção dos instrumentos de comunicação, torna-se urgente tanto uma ação educativa em vista do senso crítico, animada pela paixão à verdade, quanto uma ação de defesa da liberdade, do respeito pela dignidade pessoal, da elevação da autêntica cultura dos povos" (*ChL* 44).

171. Com relação à comunicação e catequese, aqui se recordam três orientações:

   a) capacitar, nos diversos níveis, os catequistas como comunicadores: sejam pessoas conhecedoras dos processos da comunicação humana e estejam habilitados a integrar recursos como músicas, vídeos, teatro e outras linguagens para expressar a fé;

b) aproximar a catequese dos meios massivos de comunicação, para o desenvolvimento de projetos de catequese a distância, com o adequado uso de recursos e metodologias apropriadas;

c) incluir, nos programas de catequese, a análise das mensagens produzidas pelos grandes meios, promovendo a leitura desses dados à luz da mensagem evangélica.[6]

2.6. Atividade e criatividade de catequistas e catequizandos

172. Nenhuma metodologia dispensa a pessoa do catequista no processo da catequese. A alma de todo método está no carisma do catequista, na sua sólida espiritualidade, em seu transparente testemunho de vida, no seu amor aos catequizandos, na sua competência quanto ao conteúdo, ao método e à linguagem. O catequista é um mediador que facilita a comunicação entre os catequizandos e o mistério de Deus, das pessoas entre si e com a comunidade.

173. A vocação do catequista é a realização da sua vida batismal e crismal, na qual, mergulhado em Jesus Cristo, participa da missão profética: proclamar o

---

[6] Cf. CNBB, *Igreja e Comunicação Rumo ao Novo Milênio*, nn. 27-29.

Reino de Deus. Integrado na comunidade eclesial e enviado por ela, conhece a sua realidade e aspirações, sabe utilizar a pedagogia adequada, animar e coordenar com a participação de todos. É de substancial importância a relação do catequista com os catequizandos e suas famílias, considerando-os mais como interlocutores do que como destinatários da catequese. "Essa relação se nutre de paixão educativa, de engenhosa criatividade, de adaptação e, ao mesmo tempo, de máximo respeito pela liberdade e amadurecimento da pessoa" (*DGC* 156) e por seu discernimento vocacional. A participação ativa e criativa dos catequizandos é outro elemento importante no processo catequético. Tal participação pode manifestar-se individualmente e em grupos: na oração e na participação dos sacramentos; nas ações litúrgicas; no empenho eclesial e social; no exercício da caridade; na promoção dos valores humanos.

2.7. A COMUNIDADE CATEQUIZADORA
E O GRUPO DE CATEQUISTAS

174. A comunidade eclesial é fonte e agente essencial no processo catequético. Ela é catequizada e catequizadora. E como evangelizadora, começa por se evangelizar a si mesma, em crescente abertura a outras comunidades. Nela, a vida de oração, a escuta da Palavra de Deus, o ensino dos apóstolos, a caridade fraterna vivida na fração do pão e na partilha

dos bens (cf. At 2,42-46), provocam a admiração e a conversão (cf. *EN* 15).

175. A comunidade cristã é a referência concreta para que a pedagogia catequética seja eficaz. Para isso a comunidade deve ser o lugar onde se vive o Evangelho e se alimenta continuamente a adesão à proposta de Jesus. Só assim a comunidade se torna fonte, lugar e meta da catequese (cf. acima 59-60 e 155). Nesse crescimento catequético, a comunidade testemunha visivelmente a fé e dedica-se à formação de seus membros. No anúncio do Evangelho, mesmo de forma pública e coletiva, a comunidade não deixa de fazer contato de pessoa a pessoa, a exemplo da pedagogia de Jesus e dos apóstolos. Assim, a catequese com as crianças favorece a boa socialização. Com os jovens, a catequese constitui uma necessidade vital na formação de sua personalidade, e, com os adultos, a catequese promove um crescimento de diálogo, de partilha e de co-responsabilidade.

176. É importante, por fim, que o catequista não atue sozinho, mas sempre em comunidade, em grupo. O catequista que participa da vida de grupo, reconhece ser, em nome da Igreja, testemunha ativa do Evangelho, participando da vida eclesial, encontrando na Eucaristia uma grande fonte de crescimento pessoal e de inspiração para a realização de suas aspirações.

Capítulo 6

DESTINATÁRIOS COMO INTERLOCUTORES NO PROCESSO CATEQUÉTICO

> "Ao voltarem, os apóstolos contaram a Jesus quanto haviam feito. Ele tomou-os consigo e retirou-se [...]. Mas as multidões souberam disso e o seguiram. Jesus as acolheu e falava-lhes sobre o Reino de Deus" (Lc 9,10-11b).

1. Direito do fiel e da comunidade à catequese

177. Jesus, em seu ministério, proclama ter sido enviado para anunciar aos pobres a Boa-Nova (cf. Is 61,1-5; Lc 4,18-19), dando a entender e confirmando-o depois com sua vida que o Reino é destinado a todos os povos, a partir dos menos favorecidos. Ele se dirige a grandes e pequenos, a homens e mulheres, a ricos e pobres, a sãos e doentes, a próximos e distantes, a judeus e gentios, a justos e pecadores, ao povo e às autoridades, aos indivíduos e grupos. Convida seus discípulos a fazerem o mesmo. Mais ainda: devem pregar o Evangelho a *todas as nações* até a consumação dos séculos (cf. Mt 28,19-20;

Lc 24,47). É a tarefa que a Igreja realiza desde Pentecostes, pregando o Evangelho "para gregos e bárbaros, letrados e pessoas sem instrução" (Rm 1,14).

178. A catequese é direito do batizado e dever sagrado imprescindível da Igreja (cf. *CDC* 229 e 773-780). "Todos os batizados possuem o direito de receber da Igreja um ensino e uma formação que lhes permitam chegar a ter uma verdadeira vida cristã; na perspectiva dos direitos humanos, a pessoa humana tem o direito de procurar a verdade religiosa e de a esta aderir livremente" (*CT* 14). É tarefa primária da Igreja responder a este direito.

179. O Evangelho se destina em primeiro lugar à pessoa humana concreta e histórica, radicada numa determinada situação. A atenção ao indivíduo não deve levar a esquecer que a catequese tem como interlocutor a comunidade cristã como tal e cada pessoa dentro dela. A *adaptação*[1] tem sua motivação teológica no mistério da encarnação e corresponde a uma elementar exigência pedagógica. Vai ao encontro das pessoas e considera seriamente a variedade de situações e culturas, mantendo a

---

[1] Como no *DGC* (cf. 169, nota 8) também neste capítulo se aceita, por ser utilizado no Magistério e por utilidade prática, o duplo termo "adaptação" e "inculturação". O primeiro se atribui prevalentemente às pessoas e o segundo aos contextos culturais.

comunhão na diversidade a partir da unidade que vem da Palavra de Deus. Assim, o Evangelho será transmitido em sua riqueza e sempre adequado aos diversos ouvintes. A criatividade e a arte dos catequistas estão a serviço desse critério fundamental. A pedagogia da fé precisa então atender às diversas necessidades e adaptar a mensagem e a linguagem cristãs às diferentes situações dos interlocutores (cf. *DGC* 167-169).

2. Catequese conforme as idades

180. A catequese conforme as idades é uma exigência essencial para a comunidade cristã. Leva em conta os aspectos tanto antropológicos e psicológicos como teológicos, para cada uma das idades. É necessário integrar as diversas etapas do caminho de fé. Essa integração possibilita uma catequese que ajude cada um a crescer na fé, à medida que vai crescendo em outras dimensões da sua maturidade humana e tendo novos questionamentos existenciais. O adulto que precisa de catequese não é só aquele que não a recebeu em outras faixas etárias. Todos precisam continuar progredindo na fé e no conhecimento do Senhor: "Sempre mais se impõe uma educação permanente da fé que acompanhe o ser humano por toda a vida e se integre em seu crescimento global" (*CR* 129).

2.1. Catequese com adultos

181. Os adultos são, no sentido mais amplo, os interlocutores primeiros da mensagem cristã.[2] Deles depende a formação de novas gerações cristãs, através do testemunho da família, no mundo social e político, no exercício da profissão e na prática de vida e da comunidade. "É na direção dos adultos que a evangelização e a catequese devem orientar seus melhores agentes. São os adultos os que assumem mais diretamente, na sociedade e na Igreja, as instâncias decisórias e mais favorecem ou dificultam a vida comunitária, a justiça e a fraternidade. Urge que os adultos façam uma opção mais decisiva e coerente pelo Senhor e sua causa, ultrapassando a fé individualista, intimista e desencarnada. Os adultos, num processo de aprofundamento e vivência da fé em comunidade, criarão, sem dúvida, fundamentais condições para a educação da fé das crianças e jovens, na família, na escola, nos meios

---

[2] O tema da *catequese com adultos* foi amplamente tratado nos anos 2000-2002 particularmente com a realização da Segunda Semana Brasileira de Catequese (de 8 a 12 de outubro de 2001), cujo tema foi justamente esse: "Com adultos catequese adulta". Foram publicados pela Dimensão Bíblico-Catequética, na série Estudos da CNBB, três subsídios com muitas reflexões, experiências e propostas: *Com adultos catequese adulta* (São Paulo, Paulus, 2001) = Estudos da CNBB 80; *O itinerário da fé na "iniciação cristã dos adultos"* (São Paulo, Paulus, 2001) = Estudos da CNBB 82; *Segunda Semana Brasileira de Catequese* (São Paulo, Paulus, 2002) = Estudos da CNBB 84.

de comunicação social e na própria comunidade eclesial" (*CR* 130).

182. A catequese com adultos leva em conta as experiências vividas, os condicionamentos e os desafios que eles encontram, como também suas interrogações e necessidades em relação à fé. É preciso:
   a) distinguir entre os adultos que vivem sua fé (praticantes), adultos apenas batizados (não-praticantes ou afastados) e os adultos não batizados;
   b) levar em conta seus problemas e experiências, capacidades espirituais e culturais;
   c) motivá-los para a vivência da fé em comunidade, para que ela seja lugar de acolhida e ajuda;
   d) fazer um projeto orgânico de pastoral com os adultos que integre a catequese, a liturgia e os serviços da caridade (cf. *DGC* 174).

183. A catequese com adultos tem como missão:
   a) reforçar a opção pessoal por Jesus Cristo;
   b) promover uma sólida formação dos leigos, levando em consideração o amadurecimento da vida no Espírito do Cristo Ressuscitado;
   c) estimular e educar para a prática da caridade, na solidariedade e na transformação da realidade, julgando com objetividade e à luz da fé as mudanças socioculturais da sociedade;
   d) ajudar a viver a vida da graça, alimentada pelos sacramentos;

e) formar cada pessoa para cumprir os deveres do próprio estado de vida, buscando a santidade;
f) dar resposta às dúvidas religiosas e morais de hoje;
g) desenvolver os fundamentos da fé, que permitam dar razão da esperança;
h) educar para viver em comunidade e assumir responsabilidades na missão da Igreja, dando testemunho cristão na sociedade;
i) educar para o diálogo ecumênico e inter-religioso, como instrumentos para a busca da unidade cristã e da paz entre os filhos de Deus;
j) ajudar na animação missionária além fronteira.

184. É necessário levar em conta as situações e circunstâncias que exigem particular forma de catequese: a catequese de iniciação cristã e o catecumenato de adultos (*RICA*; cf. *AS* 129b); a catequese ao Povo de Deus nas missões populares, nas romarias; nos principais acontecimentos da vida (Batismo, primeira Comunhão Eucarística, Confirmação, Matrimônio e Exéquias); catequese para pessoas que vivem em situações canonicamente irregulares ou para pessoas que vêm de outras Igrejas e grupos religiosos.

2.2. Catequese com pessoas idosas

185. É preciso destacar o valor da pessoa idosa como um dom de Deus à Igreja e à sociedade, pela

sua grande experiência de vida. Muitas vezes os idosos estão até mais disponíveis para servir à comunidade, dentro e fora da Igreja. Descobrir talentos e possibilidades nessa situação também é função da catequese, como também agir em ação conjunta com outras pastorais e movimentos em prol da dignidade das pessoas idosas. São pessoas que merecem uma catequese adequada. Possuem os mesmos direitos e deveres dos demais cristãos. A catequese com pessoas idosas deve estar atenta aos aspectos particulares de sua situação de fé. De qualquer maneira, a condição de idoso exige uma catequese de esperança, que as leve a viver bem essa fase da própria vida e a dar o testemunho às novas gerações e assim se prepararem para o encontro definitivo com Deus. Entre outras coisas, é necessária uma catequese que as prepare para a Unção dos Enfermos.

186. Importa motivar as pessoas e a sociedade para que, iluminadas por valores evangélicos, sejam construtoras de novos relacionamentos, novas estruturas, que assegurem às pessoas idosas respeito a seus direitos e valorização integral de sua pessoa. A catequese valoriza e incentiva a redescobrir as ricas possibilidades que têm dentro de si e assumir sua missão em relação com o mundo e com as novas gerações. Para isso é necessário favorecer o diálogo entre as diferentes idades na família e na

comunidade (cf. *DGC* 188) e esclarecer sobre os preconceitos em relação às pessoas idosas.

2.3. Catequese com jovens, adolescentes e crianças

2.3.1. Responsabilidades da Igreja e da família

187. O contexto atual, marcado por mudanças culturais, perda de valores e crise de paradigmas, atinge de maneira mais direta os jovens, adolescentes e crianças. A Igreja os prioriza como um importante desafio para o presente e o futuro (cf. *P* 1166-1205; *SD* 30; *AS* 127d). Durante muito tempo, a catequese se limitou à infância, e mesmo assim no horizonte da preparação imediata da Eucaristia, numa linha quase exclusivamente doutrinária.

188. A consciência da missão dos pais e da comunidade é ainda muito restrita, apesar de certo esforço para uma visão mais ampla da catequese nas primeiras idades. A missão principal dos pais e da comunidade eclesial é criar ambiente e dar apoio para que eles caminhem para a maturidade na fé (cf. *CR* 131). Não se pode imaginar uma catequese com jovens, adolescentes e crianças sem um trabalho específico com os pais. "A catequese familiar é de certo modo insubstituível, antes de tudo, pelo ambiente positivo e acolhedor, persuasivo pelo exemplo dos adultos e pela primeira explícita sensibilização e prática da

fé" (*DGC* 178). Enquanto a família não for capaz de contribuir para isso, o catequista e a comunidade têm uma tarefa ainda mais delicada e urgente, a ser desenvolvida com sensibilidade e carinho.

2.3.2. Catequese com jovens

189. A juventude é a fase das grandes decisões. Os jovens passam a assumir seu próprio destino e suas responsabilidades pessoais e sociais. Buscam o verdadeiro significado da vida, a solidariedade, o compromisso social e a experiência de fé, pois é uma sua característica ser altruísta e idealista. A juventude costuma enfrentar vários desafios como: o desencanto e a falta de perspectiva no campo profissional; experiências negativas na família; exposição a uma sociedade erotizada que lhes dificulta o desenvolvimento sexual; insatisfação, angústia; em muitos casos, experimentam marginalização e dependência química. Pelo marcante significado e pelos riscos a que estão expostos nessa fase da vida, os jovens são interlocutores que merecem uma atenção especial da catequese.

190. Nessa fase, freqüentemente se notam também o afastamento e a desconfiança em relação à Igreja. Não é raro se constatar falta de apoio espiritual e moral das famílias e a precariedade da catequese recebida. Por outro lado, também é crescente o

número de jovens presentes na ação catequética (principalmente na catequese da Confirmação), nos eventos eclesiais e sociais, frutos da catequese recebida. Nossa responsabilidade com o Evangelho e com os jovens inclui cuidar da comunidade cristã para que ela seja de fato um testemunho de coerência com o projeto de Jesus.

191. No coração da catequese aos jovens está a proposta explícita do seguimento de Cristo: "Se queres ser perfeito, vai, vende os teus bens, dá o dinheiro aos pobres, e terás um tesouro no céu. Depois, vem e segue-me" (Mt 19,21). É uma proposta que faz deles interlocutores, sujeitos ativos, protagonistas da evangelização e construtores de uma nova sociedade para todos. A catequese procure adaptar-se aos jovens, sabendo traduzir a mensagem de Jesus na linguagem deles.

192. A catequese para jovens leva em consideração as diferentes situações religiosas, emocionais e morais, entre as quais: jovens não batizados, batizados que não realizaram um processo catequético, nem completaram a iniciação cristã, jovens que atravessam crise de fé, ao lado de outros, que buscam aprofundar a sua opção de fé e esperam ser ajudados. Há ainda jovens tão maltratados pela vida, que estão em risco de perder a esperança e precisam de um atendimento especial.

193. A catequese aos jovens será mais proveitosa se procurar colocar em prática uma educação da fé orientada ao conjunto de problemas que afetam suas vidas. Para isso, a catequese integra a análise da situação atual, ligando-se às ciências humanas, à educação, à colaboração dos leigos e dos próprios jovens. É urgente propor aos jovens uma catequese com itinerários novos, abertos à sensibilidade e aos problemas dessa idade que são de ordem teológica, ética, histórica ou social. Em particular, é preciso uma catequese que aprofunde a experiência da participação litúrgica na comunidade, que dê importância à educação para a verdade e a liberdade segundo o Evangelho, à formação da consciência, à educação ao amor, à descoberta vocacional, à oração alegre e juvenil e ao compromisso cristão na sociedade. Diz João Paulo II que "nessa fase será preciso uma catequese que denuncie o egoísmo apelando para a generosidade, que apresente, sem simplismo e sem esquematismos ilusórios, o sentido cristão do trabalho, do bem comum, da justiça e da caridade, uma catequese da paz entre as nações e da dignidade humana, do desenvolvimento e da libertação, tais como essas coisas são apresentadas nos documentos recentes da Igreja" (*CT* 39).

194. A catequese com jovens, levando em conta o seu protagonismo, realiza-se através de:

a) participação em retiros, acampamentos e outros momentos de convívios;
b) participação em encontros para integrar os jovens com as famílias;
c) pertença e participação nos grupos de jovens (pastoral da juventude) e pastorais afins;
d) acompanhamento personalizado ao jovem, acentuando a direção espiritual ao projeto de vida, incluindo a dimensão vocacional;
e) auxílio à formação da personalidade do jovem, levando em conta as diferentes situações sociais, econômicas, religiosas e seu processo evolutivo de amadurecimento;
f) estímulo e crescimento para a vivência comunitária e eucarística;
g) preparação para os sacramentos da iniciação cristã, principalmente para a Confirmação, com duração prolongada e como tempo forte para o amadurecimento da fé, vinculação com a Igreja particular, engajamento na comunidade, envio missionário, compromisso social e testemunho cristão, dando destaque à esmerada celebração do referido sacramento;
h) educação para o amor, a afetividade e a sexualidade;
i) educação para a cidadania e para a consciência participativa nas lutas sociais;

j) preparação para o sacramento do Matrimônio;
k) orientação vocacional, em sentido amplo, que apresente possibilidades de engajamento na construção do Reino, dentro e fora da Igreja, e a responsabilidade missionária no mundo;
l) educação para a oração pessoal e comunitária;
m) orientação para o estudo e leitura da Sagrada Escritura;
n) experiência de serviços voluntários.

2.3.3. Catequese com adolescentes

195. A adolescência, bem orientada, é um dos alicerces para o desenvolvimento de uma personalidade equilibrada e segura. Nesse período o adolescente cresce na consciência de si mesmo, de suas potencialidades, sentimentos, dificuldades e das transformações que estão acontecendo em sua vida. Isso pode ocasionar desajustes emocionais e comportamentais, com os quais nem sempre saberá lidar. A característica principal dessa idade é o desejo de liberdade de pensamento e ação, de autonomia, da auto-afirmação, de aprendizagem do inter-relacionamento na amizade e no amor. Essa fase tão turbulenta nem sempre recebe os devidos cuidados pastorais, ocasionando um vácuo entre a Primeira Comunhão Eucarística e a Confirmação. Urge para os adolescentes um projeto de crescimento na fé,

do qual eles mesmos sejam protagonistas na descoberta da própria personalidade, no conhecimento e encantamento por Jesus Cristo, no compromisso com a comunidade e na coerência de vida cristã na sociedade.

196. Atividades próprias para a catequese nessa idade são:

a) acolher o adolescente na comunidade e favorecer o compromisso real e fiel na mesma;

b) oferecer oportunidades para que, na busca do seu universo, nas suas descobertas, tendências e valores, o adolescente se sinta estimulado para a vivência cristã;

c) criar grupos de catequese de perseverança, coroinhas, adolescência missionária, animação, canto, teatro, cinefórum, escotismo, acampamentos, missão de férias;

d) promover atividades artísticas, danças, músicas;

e) realizar passeios, entrevistas, romarias, excursões; refletir temas próprios da idade, buscando auxílio das ciências, sobretudo a psicologia;

f) organizar equipes de serviços comunitários, tanto eclesiais quanto sociais;

g) alimentar a consciência de que o crescimento na fé requer uma formação continuada rumo à maturidade em Cristo (cf. Ef 4,13).

2.3.4. Catequese com crianças

197. A infância se caracteriza pela descoberta inicial do mundo, com uma visão ainda original, embora dependente da assistência dos adultos. Dela brotam possibilidades para a edificação da Igreja e a humanização da sociedade. A criança tem o direito ao pleno respeito e à ajuda para seu crescimento humano e espiritual. Ela necessita de uma catequese familiar, de uma iniciação na vida comunitária e para realizar os primeiros gestos de solidariedade. Essa catequese não poderá ser fragmentada ou desencarnada da realidade, mas deverá favorecer a experiência com Cristo na realidade em que a criança vive.

198. As crianças de hoje são mais ativas, fazem mais perguntas e não se deixam convencer simplesmente com o argumento da autoridade de quem fala. Com maior acesso aos meios de comunicação, podem até ter mais informações sobre a realidade do que o catequista, embora não disponham da necessária maturidade para analisar tudo que recebem. Por vezes trazem também dramas e mágoas que exigem uma conversa diferente, personalizada. O catequista precisa conhecer e ouvir cada criança para descobrir o melhor modo de cumprir sua missão. Também será bastante útil ter familiaridade com o universo infantil: brincadeiras, situação escolar e

familiar, histórias em quadrinhos e filmes que as crianças preferem, literatura infantil de boa qualidade. O processo catequético terá em consideração o desenvolvimento dos sentidos, a contemplação, a confiança, a gratuidade, o dom de si, a comunicação com Deus, a alegria da participação.

199. A infância constitui o tempo da primeira socialização, da educação humana e cristã na família, na escola e na comunidade. É preciso considerá-la como uma etapa decisiva para o futuro da fé, pois nela, através do Batismo e da educação familiar, a criança inicia sua iniciação cristã. No final da segunda infância (pré-adolescência), uma fase curta, mas efervescente do desenvolvimento humano, ou até mais cedo (primeira infância), começa-se em geral o processo de iniciação eucarística. É nessa idade que se atinge o maior número de catequizandos e há o maior envolvimento de catequistas por causa da Primeira Comunhão Eucarística, que não deve ter caráter conclusivo do processo catequético, mas a continuidade com uma catequese de perseverança que favoreça o engajamento na comunidade eclesial.

200. A educação para a oração (pessoal, comunitária, litúrgica), a iniciação ao correto uso da Sagrada Escritura, o acolhimento dentro da comunidade e o despertar da consciência missionária são aspectos centrais da formação cristã dos pequenos. É preciso

cuidar da apresentação dos conteúdos, de forma adequada à sensibilidade infantil. Embora a criança necessite de adaptação de linguagem e simplificação de conceitos, é importante não semear hoje o problema de amanhã. Simplificar com fidelidade e qualidade teológica exige boa formação e criatividade. É necessário ter cuidado para que, em nome da mentalidade infantil, não se apresentem idéias teologicamente incorretas que depois serão motivo de crise de fé.

3. Catequese na diversidade

3.1. Grupos indígenas, afro-brasileiros e outros

201. Nossa realidade exige que a catequese leve em conta os valores oriundos da cultura e religiosidade indígena e afro-brasileira, sem ignorar ambigüidades próprias de cada cultura (cf. 1Cor 10,21). Ela não pode eliminar, ignorar, nem abafar, nem silenciar essa realidade. É importante considerar a globalidade e a unidade da cultura e da religiosidade dos povos e etnias, que se expressam na simbologia, mística, ritos, dança, ritmo, cores, linguagem, expressão corporal e teologia subjacente às suas práticas religiosas. Somente assim se pode fazer uma verdadeira inculturação do Evangelho e compreender melhor, mediante a convivência e o diálogo, as

tradições religiosas de cada grupo, como verdadeira busca do sagrado. Por isso, para uma catequese com esses povos, são necessários catequistas provindos dessas culturas. Para isso haja cursos específicos e apropriados, em nível nacional e regional.

3.2. Pessoas com deficiência

202. É grande, em nosso país, a quantidade de pessoas com deficiências. Elas têm o mesmo direito à catequese, à vida comunitária e sacramental. Particularmente a partir do século XX em seus documentos catequéticos, a Igreja vê a necessidade de lhes dar a devida atenção e fazer esforços para superar todo tipo de discriminação. Nas comunidades, muitas pessoas se sentem chamadas para o trabalho junto às pessoas com deficiência; há inclusive catequistas e agentes de pastoral com algum tipo de deficiência.

203. Toda pessoa tem necessidades, pois ninguém se basta a si mesmo. Mas há algumas pessoas que têm necessidades específicas. Estas também precisam ser acolhidas na catequese. É preciso oferecer uma catequese apropriada em seus recursos e conteúdo, sem reducionismo e simplismo que apontem para um descrédito das capacidades da pessoa com deficiência. Também não se pode deixar de mencionar o número expressivo de irmãos que possuem necessidades educacionais especiais, sejam elas provisórias ou permanentes, causadas por algum distúrbio ou

outras especificidades. A estes a catequese dispense a atenção necessária.

204. Aumenta a cada dia o número de voluntários para trabalhar com as pessoas com deficiência. Há também maior consciência e organização sobre essa catequese. Há organismos e movimentos representativos na luta pelo reconhecimento de suas necessidades. Nota-se uma tendência à superação de idéias preconceituosas e de atitudes caritativo-assistencialistas que dificultam o protagonismo social e eclesial. Como membros da Igreja, também os deficientes mentais têm direito aos sacramentos: não é uma concessão, é direito que precisa ser garantido. Eles fazem parte da comunidade e nela têm direito a serem ajudados a fazer a experiência do mistério de Deus na sua vida.

205. Nesse itinerário da fé, a família desempenha papel fundamental, pois é nela que ocorre a primeira experiência de comunidade e onde a pessoa deveria receber o primeiro anúncio do mistério da Salvação. Por esse motivo, a comunidade eclesial esteja atenta às suas necessidades, conflitos, desejos e aspirações. A comunidade cristã é convidada a assumir a responsabilidade de catequizar as pessoas com deficiência, criando condições para sua plena participação comunitária e pastoral.

206. É importante que a participação das pessoas com deficiência na catequese seja feita em companhia dos

demais catequizandos para que se evitem grupos separados ou confinados em locais sem a devida atenção e cuidados ou distantes da comunidade. Essa atitude é fundamental para que não se perpetue a idéia de que as pessoas com deficiência necessitam de uma catequese puramente especializada. É necessário levar em consideração as descobertas e avanços das ciências humanas e pedagógicas e assumir a pedagogia do próprio Jesus, que privilegiou os cegos, mudos, surdos, coxos, aleijados (cf. Mc 8,23-25; Mt 15,30-31; Lc 7,22; Jo 1,8). Somos imagem de Cristo Ressuscitado e participamos dos sofrimentos, da cruz, como também da alegria de ser chamados à vida, testemunhando através dela a ação do próprio Deus. Os locais para a catequese junto às pessoas com deficiência deverão ser adaptados, de acordo com a legislação vigente,[3] facilitando o acolhimento e acesso aos mesmos em nossas comunidades.

207. A catequese junto às pessoas com deficiência atinge todas as idades, em especial os adultos, pois muitos deles, por diferentes motivos, não tiveram a oportunidade de fazer a experiência da fé na comunidade eclesial em outras fases da vida, e agora manifestam esse desejo. É preciso perceber também quanto essas pessoas podem ter a ensinar,

---

[3] Cf. Lei n. 9.394, de 20 de dezembro de 1996, e Lei n. 10.098, de 19 de dezembro de 2000.

com a sua própria experiência e com o modo como lidam com a sua situação. Com elas, como com os catequizandos, há uma estrada de mão dupla onde o catequista também aprende e se enriquece.

208. Essa catequese supõe uma preparação específica dos catequistas, pois cada necessidade diferente exige uma pedagogia adequada. É bom contar com o apoio de profissionais, como médicos, fonoaudiólogos, professores, fisioterapeutas, psicólogos e intérpretes em *língua de sinais*, sem que se perca o objetivo da catequese. Nesse processo, a família desempenha um papel importante para o qual deve receber a devida ajuda.

3.3. Marginalizados e excluídos

209. A Palavra de Deus nos fala constantemente de órfãos, viúvas e estrangeiros (cf. Ex 22,22; Dt 24,17; Sl 82,3; Is 1,17; Tg 1,27). Através dessas figuras, ela nos lembra as pessoas enfraquecidas e indefesas. Por elas Deus tem um cuidado especial. A catequese irá ao encontro dos marginalizados (pessoas prostituídas, presos, soropositivos, toxicodependentes, sem-terra e outros) e dos mais pobres, consciente de que o bem que se faz aos irmãos mais pequeninos se faz a Jesus (cf. Mt 25,31-46).

210. A catequese, à luz da Palavra de Deus, compromete-se de maneira preferencial pelos marginalizados e sofredores. Cabe à catequese:

a) levar os catequizandos ao estudo e reflexão crítica sobre as causas e o processo de empobrecimento;
b) incentivar catequistas e catequizandos para a comunhão, a solidariedade, a justiça e a paz;
c) encorajar nos catequizandos adultos atitudes políticas favoráveis aos mais pobres;
d) incentivar o cooperativismo (associações);
e) estar com os pobres e mais necessitados, ajudando-os a crescer na fé e se sentirem parte da comunidade cristã;
f) comunicar a força animadora do amor de Deus a esses sofredores, inclusive através da própria ternura com que os valoriza e acolhe.

3.4. Pessoas em situações canonicamente irregulares

211. A catequese leve em conta também as pessoas que vivem em situação familiar canonicamente irregular. Partindo de sua situação, podem-se abrir portas para o engajamento, para a experiência de fé, para o serviço na comunidade, ajudando-as a aceitar e viver o amor em sua situação real. Na catequese com essas pessoas, muito pode auxiliar a pastoral familiar, no setor da segunda união.

3.5. Grupos diferenciados

212. Há pessoas que, por sua profissão específica ou por sua situação cultural, necessitam de um itinerário

especial para a catequese. É o caso de trabalhadores de turnos, dos profissionais liberais, dos artistas, dos homens e mulheres da ciência, dos grupos de poder político, militar e econômico, da juventude universitária, dos meios de comunicação social e dos migrantes (cf. *DGC* 191), bem como os que habitam em ilhas e lugares isolados. Com esses grupos diferenciados, a Igreja particular crie espaços de experiência de fé, com propostas adequadas às inquietações e possibilidades de cada grupo.

3.6. Ambientes diversos

213. A catequese leve em conta o ambiente, pois este exerce influência sobre as pessoas e estas sobre o ambiente. O ambiente rural e o urbano exigem formas diferenciadas de catequese. A catequese no mundo rural procure refletir as necessidades que estão unidas à pobreza e à miséria, aos medos e às inseguranças. Também aproveitará os valores típicos desse modo de vida, rico de experiências de confiança, de vida, do sentido da solidariedade, de fé em Deus e fidelidade às tradições religiosas. Considerando tudo isso, a catequese buscará despertar nos catequizandos a consciência de seu valor, de seus direitos e deveres de sua missão na construção de uma sociedade mais participativa.

214. A catequese no ambiente urbano leva em conta uma ampla variedade de situações, que vai desde

o bem-estar à situação de pobreza e marginalização. O ritmo de vida da cidade, com seu próprio tipo de luta pela sobrevivência, freqüentemente é estressante; crescem situações de afastamento da Igreja, desinteresse, anonimato e de solidão. O cristianismo nascente, historicamente, desenvolveu-se nas grandes cidades; hoje também o mundo urbano (com seus conjuntos, condomínios, periferias e favelas) merece atenção especial da Igreja, pois a maioria da população concentra-se nas cidades. Isso requer algo mais criativo, diferente das nossas habituais rotinas pastorais, com nova linguagem e uma dedicada disposição de ir ao encontro desses interlocutores.

4. A catequese conforme o contexto sociorreligioso

4.1. Situação de pluralismo e de complexidade

215. O pluralismo cultural e religioso, na complexidade do mundo atual, muitas vezes confunde e desorienta membros da comunidade. É indispensável uma catequese evangelizadora, que eduque os cristãos a viverem sua vocação de batizados neste mundo plural, mantendo sua identidade de pessoas que acreditam e de membros da Igreja, abertos ao diálogo com a sociedade e o mundo.

4.2. Catequese e religiosidade popular

216. A religiosidade popular é uma realidade rica e às vezes exposta a deformações; na fé, que é seu fundamento, necessita de purificação e fortalecimento. Requer-se uma catequese que, assumindo tal riqueza religiosa, seja capaz de perceber seus valores inegáveis e ajude a superar os riscos de fanatismo, superstição, sincretismo e ignorância religiosa.

4.3. Catequese, ecumenismo e o diálogo inter-religioso

217. A catequese assume a dimensão ecumênica no diálogo com os irmãos de outras Igrejas e comunidades cristãs. Essa dimensão se realiza, sobretudo, com a exposição de toda Revelação que tem a Igreja Católica como depositária, com o respeito à hierarquia das verdades; ressalta a unidade na diversidade dos cristãos, porém suscitando o desejo de unidade; prepara para conviver com outros grupos de cristãos, cultivando a própria identidade católica e o respeito à fé dos outros. A dimensão ecumênica faz parte da doutrina católica. Muitos católicos desconhecem o que a Igreja recomenda sobre o ecumenismo. Às vezes, defendem, em nome da Igreja, posturas que a própria Igreja já superou. Os católicos precisam ser educados para a espiritualidade da unidade, exigência já bastante expressa nos nossos documentos eclesiais. Sem perder em

nada o apreço por sua própria identidade de fé, os fiéis teriam que aprender a ver outras Igrejas como parte da mesma família cristã (cf. *LG* 20b; *UR* 4c; *DH* 1b). Com outros cristãos, seremos capazes de dar ao mundo um testemunho mais convincente daquilo que o amor de Jesus é capaz de realizar.

218. Para facilitar o diálogo ecumênico com outros grupos cristãos, abertos ao diálogo, será oportuno programar, com a devida prudência, determinadas atividades de colaboração, no campo do ensino religioso, da promoção humana e da justiça, celebrações dos tempos litúrgicos fortes, tais como a *Semana de Oração pela Unidade dos Cristãos* e diversos encontros. Cabe também educar os católicos para o diálogo dentro da própria família, onde às vezes convivem pessoas com diferentes opções religiosas.

219. No Brasil a maioria das pessoas se declara cristã católica. Para trabalhar com essa realidade, a catequese procura aprofundar a identidade dos batizados, ajuda a tomar consciência da presença de outras religiões e impulsiona o diálogo inter-religioso na busca de uma convivência pacífica e fraterna. A convivência ecumênica é parte da experiência de ser comunidade com os outros discípulos de Jesus; a catequese precisa educar para essa convivência, esclarecendo o que já nos une e ajudando a dialogar com afetuosa serenidade sobre o que ainda divide

as Igrejas. Além do ecumenismo, é preciso também dar bases para o diálogo com outras religiões, de forma respeitosa, a partir da própria identidade cristã. Será útil conhecer as Igrejas e outras religiões presentes na realidade local, para ajudar os católicos a ter um relacionamento adequado com os diferentes grupos.

220. Uma atenção especial seja dada ao judaísmo. "A Igreja, Povo de Deus na Nova Aliança, descobre, ao perscrutar o seu próprio mistério, seus vínculos com o Povo Judeu, a quem Deus falou primeiro" (*Catecismo* 839). É preciso sublinhar, não apenas a objetividade, justiça e tolerância, mas, sobretudo, a compreensão e o diálogo, e estimular um recíproco conhecimento. De modo particular, a catequese ajude na superação de qualquer forma de anti-semitismo. É preciso rever a linguagem alusiva ao povo no qual nasceu Jesus.

4.4. Catequese e os recentes movimentos religiosos

221. Os novos movimentos religiosos existentes (correntes espiritualistas, gnósticos, grupos derivados do budismo e do hinduísmo, Nova Era etc.) não são devidamente conhecidos. Alguns são de matriz cristã, outros derivam de religiões orientais ou se baseiam em tradições esotéricas. Por um lado é preciso uma atitude de diálogo, abertura, compreensão e superação de preconceitos; de outro, é preciso garantir

aos cristãos uma sólida formação permanente para que possam saber manter a própria fé, diante de outras ofertas e solicitações religiosas, insistindo no específico do cristianismo: Trindade, Encarnação, unidade da natureza humana e divina na pessoa do Verbo, a ação da graça divina, a Salvação em Cristo, a unidade matéria-espírito. Elementos positivos, como as autênticas expressões religiosas, podem ser aproveitados sempre à luz do Evangelho. É preciso afirmar também que, pelo anseio religioso que tais movimentos expressam, merecem ser considerados como um "areópago a ser evangelizado" (cf. At 17,16-34). Muitos buscam neles solução para problemas existenciais que encontrariam resposta no Evangelho, pois a Igreja tem em Cristo um imenso patrimônio espiritual a oferecer à humanidade (cf. *DGC* 201). Existem também grupos religiosos que são puro modismo, ou até exploração da confiança do povo — e esses, naturalmente, necessitam de outro tipo de análise e discernimento.

5. A catequese conforme o contexto sociocultural

222. Seguindo o exemplo de Jesus Cristo, o Verbo encarnado na história, é urgente assumir a inculturação do Evangelho nas culturas. Para isso é preciso conhecer melhor cada cultura e entender os costumes

do povo brasileiro, a fim de apresentar o Evangelho de modo mais familiar e eficiente. Símbolos, celebrações e encontros de catequese que levam em consideração a cultura dos destinatários tornarão a Igreja um espaço onde as pessoas se sentirão mais à vontade, respeitadas e valorizadas a partir do seu jeito próprio.

223. Jesus, um judeu, viveu numa determinada cultura e pregou a Boa-Nova de dentro daquela cultura. De fato, a verdadeira inculturação não é acomodação ou apenas inserção; é levar o Evangelho como fermento. Essa é a "inculturação" original da Palavra de Deus e modelo de referência para a ação catequética.

5.1. Catequese e inculturação

224. A catequese encontra-se diante de situação particularmente desafiadora: no Brasil há diversas culturas, em geral mestiçadas: latino-americana, européia, afro-brasileira, indígena, de outros povos, todas elas sofrendo o impacto da cultura urbano-industrial. A catequese é chamada a anunciar com vigor o Evangelho ao coração da cultura e das culturas. Por isso, entre suas tarefas estão:

a) conhecer a cultura específica de cada grupo humano e o grau de influência dessa cultura em suas vidas;

b) reconhecer a presença da dimensão cultural no próprio Evangelho e na Bíblia inteira;
c) anunciar a transformação que o Evangelho opera nas culturas;
d) dar testemunho de que o Evangelho transcende a cultura e não se esgota nela, e discernir as sementes do Evangelho presentes em cada cultura;
e) promover, no interior de cada uma das culturas, novas expressões do Evangelho, procurando uma linguagem de fé que seja patrimônio comum dos fiéis e, portanto, fator fundamental de comunhão;
f) manter íntegros os conteúdos da fé da Igreja e explicá-los, levando em conta a situação cultural e histórica dos interlocutores.

5.2. Processo metodológico na inculturação

225. A catequese alimenta o ideal de propor o Evangelho de maneira viva e tocar nas raízes da cultura e das culturas. Isso determina o processo metodológico integrado por diversos momentos:
   a) perceber na cultura o eco da Palavra de Deus;
   b) discernir os valores evangélicos presentes na vida e na cultura dos interlocutores;
   c) purificar o que está sob o signo do pecado;
   d) suscitar nos catequizandos atitudes de conversão radical a Deus, de diálogo com os demais e de paciente maturação interior.

226. A catequese não apenas provoca uma assimilação intelectual do conteúdo da fé, mas também toca o coração e transforma a conduta. Desse modo, a catequese gera uma vida dinâmica e unificada da fé, encaminha para a coerência entre aquilo que se crê e aquilo que se vive, entre a mensagem cristã e o conteúdo cultural, estimula frutos de santidade.

5.3. Espaços privilegiados para a inculturação

227. A catequese é convidada a ir aonde as pessoas vivem, em particular na família, na escola, no trabalho e no lazer. É importante que se tenham presentes alguns âmbitos antropológicos, como a cultura urbana, o mundo universitário e esportivo, o turismo e as migrações, o fenômeno juvenil e outras situações de relevo social. Cada cultura possui símbolos, ritmos, músicas, cores, danças, linguagens, expressão corporal, tradições, festas, comidas, vestes, habitação e religiosidades próprias. Na catequese a inculturação exige que se levem em conta todos esses aspectos.

228. Também devem ser iluminadas com a luz do Evangelho algumas áreas como a comunicação, a ecologia, o compromisso na construção da paz, do desenvolvimento, da libertação dos povos; a área da defesa dos direitos humanos, sobretudo das minorias, das mulheres e das crianças; a área das investigações científicas e das relações internacionais.

229. A inculturação é necessária na catequese pela possibilidade de correlacionar mais incisivamente fé e vida. A catequese litúrgica é uma via privilegiada de inculturação, pela riqueza dos símbolos que expressam a mensagem e introduzem no mistério celebrado e porque a ela tem acesso grande parte do Povo de Deus.

5.4. COMUNICAÇÃO E LINGUAGEM NA CATEQUESE

230. A inculturação da fé é, em certos aspectos, obra da linguagem.[4] A catequese respeita e valoriza a linguagem própria da mensagem (linguagem bíblica, litúrgica, doutrinal etc.) e entra em comunicação com formas e termos próprios da cultura de seus interlocutores. Os catequistas precisam encontrar uma linguagem adaptada para cada idade, a linguagem dos estudantes, dos intelectuais, dos analfabetos e pessoas de cultura elementar. Da Bíblia e da liturgia aprende-se que Deus não se contenta com a comunicação verbal, mas se comunica também e ainda mais eficazmente por ações e linguagem corporal e simbólica, fortemente marcada pela cultura. Os meios de comunicação estão intimamente ligados à linguagem corporal, verbal, simbólica. É importante a linguagem dos meios de comunicação para a catequese, como parte de inculturação da fé no mundo contemporâneo.

---

[4] Cf. acima 163 e 168-170.

Capítulo 7

MINISTÉRIO DA CATEQUESE E SEUS PROTAGONISTAS

> "A nossa capacidade vem de Deus, que nos tornou capazes de exercer o ministério da aliança nova, não da letra, mas do Espírito" (2Cor 3,5b-6a).

1. A catequese na Igreja particular

231. O anúncio, a transmissão e a experiência vivida à luz do Evangelho realizam-se na Igreja particular, porque ela existe para evangelizar, assim como a Igreja inteira. Por isso, a catequese está na base de todo trabalho da Igreja particular. O próprio modo de ser Igreja, com as relações humanas que se estabelecem, a qualidade do testemunho, as prioridades estabelecidas, determina o estilo da catequese, que reflete o rosto da Igreja particular de onde brota.

1.1. O MINISTÉRIO DA CATEQUESE NA IGREJA PARTICULAR

232. "A organização da pastoral catequética tem como ponto de referência o bispo e a diocese. O Secretariado diocesano ou coordenação diocesana de cate-

quese é o órgão através do qual o bispo, animador da comunidade e mestre da doutrina, dirige e preside a atividade catequética realizada na diocese" (*DGC* 265). O ministério da catequese ocupa um lugar de relevo no conjunto dos ministérios da Igreja particular. Desse conjunto destacam-se alguns elementos que a seguir serão desenvolvidos.

1.2. A CATEQUESE COMO AÇÃO BÁSICA DA IGREJA

233. A catequese é um ato essencialmente eclesial. Não é uma ação particular. A Igreja se edifica a partir da pregação do Evangelho, da catequese e da liturgia, tendo como centro a celebração da Eucaristia. A catequese é um processo formativo, sistemático, progressivo e permanente de educação da fé. Promove a iniciação à vida comunitária, à liturgia e ao compromisso pessoal e com o Evangelho. Mas prossegue pela vida inteira, aprofundando essa opção e fazendo crescer no conhecimento, na participação e na ação.

1.3. UM SERVIÇO INDISPENSÁVEL

234. Catequese é serviço essencial e insubstituível (cf. *DGC* 219a): o sujeito da ação catequética é a Igreja particular: os catequistas servem a esse ministério e agem em nome da Igreja. Está ligada à Igreja inteira como um corpo que anuncia e transmite

o Evangelho, celebra a vida nos sacramentos e assume os compromissos com a transformação da sociedade e com a evangelização do mundo inteiro. A comunidade cristã deve sentir-se responsável por esse serviço.

235. A catequese consolida a vida da comunidade. Por isso, "a Igreja é convidada a consagrar à catequese os seus melhores recursos de pessoal e energias, sem poupar esforços, trabalhos e meios materiais, a fim de a organizar melhor e de formar para a mesma pessoas qualificadas" (*CT* 15; cf. *CDC* 775). A diocese deve sentir-se responsável pela catequese num trabalho conjunto com os presbíteros, diáconos, religiosos, catequistas e membros da comunidade, em comunhão com o bispo. A catequese atinge diretamente as pessoas, sua experiência de vida, suas buscas profundas. Por isso ela é espaço de acolhida, de diálogo, de clima fraterno, de respeito ao diferente, de ternura e de confiança, pois o "testemunho de vida" fala mais alto do que as normas e as exigências rígidas.

1.4. Apoio e sustentação

236. Para frutificar, a catequese necessita de organização, planejamento e recursos. "Para que o ministério catequético na diocese seja frutuoso, ele precisa apoiar-se sobre os demais agentes, não necessaria-

mente catequistas diretos, os quais apóiam e sustentam a atividade catequética, realizando tarefas que são imprescindíveis, tais como: elaboração de material, formação, organização e planejamento" (*DGC* 219d). Cabe à diocese, através de seus organismos e coordenações, dar condições para que a ação catequética perpasse a ação evangelizadora da Igreja, com ênfase na catequese com adultos. Há também a necessidade de prover os catequistas de recursos, tanto para a tarefa catequética propriamente, como para a sua formação permanente. Catequistas são sabidamente generosos, oferecem seus serviços e seu tempo em espírito de gratuidade. Mas muitos são pobres e cooperam penosamente no sustento da família. A comunidade que aceita seu trabalho e precisa tanto deles deve ter sensibilidade para pôr à disposição da catequese livros, material pedagógico, cobertura financeira para cursos, encontros, reuniões dos quais os catequistas devam participar (cf. *CDC* 779).

2. As diversas responsabilidades

2.1. A RESPONSABILIDADE DA COMUNIDADE

237. A iniciação cristã não deve ser obra somente dos catequistas ou dos presbíteros, mas da comunidade de fiéis. Sem o compromisso da comunidade,

como sujeito responsável pela catequese, os catequistas pouco podem realizar. Cabe à comunidade cristã acompanhar a organização da catequese, a qualificação dos catequistas e a acolhida dos catequizandos. Assim a ação catequética torna-se uma mútua responsabilidade, uma fonte de troca de experiências e de crescimento entre os catequistas e a comunidade cristã (cf. *DGC* 220).

2.2. Os pais e o ambiente familiar

238. Pelo sacramento do Matrimônio os pais recebem a graça e a responsabilidade de serem os primeiros catequistas de seus filhos.[1] Mesmo diante dos desafios atuais da família, ela é chamada a dar os primeiros passos na educação da fé dos filhos (cf. *CDC* 774 §2). Espera-se que seja no cotidiano do lar, na harmonia e aconchego, mas também nos limites e fracassos, que os filhos experimentem a alegria da proximidade de Deus através dos pais. A experiência cristã positiva, vivida no ambiente familiar, é uma marca decisiva para a vida do cristão. A própria vida familiar deve tornar-se um itinerário de educação de fé e uma escola de vida cristã. O futuro da evangelização depende em grande parte da Igreja doméstica. No entanto, sabemos que nem

---

[1] Cf. acima 95 e abaixo 296-300.

sempre tudo vai por esse caminho. Há dramas de todo tipo dentro dos lares e das famílias. Tenham a situação que tiverem, merecem a atenção acolhedora, regeneradora, educativa da Igreja.

239. Para que a família exerça sua responsabilidade como educadora da fé, é preciso valorizar:
   a) a família como santuário da vida, onde se faz a primeira e indispensável experiência do amor, de Deus, da fé, de vida cristã e de solidariedade;
   b) o clima familiar propício de diálogo, de perdão, de solidariedade, de oração familiar e de participação na comunidade que envolve a criança desde o ventre materno;
   c) a valorização dos eventos, festas e celebrações familiares, enriquecendo-os com conteúdo cristão;
   d) as oportunidades de formação para que a vida de família seja um itinerário da fé e escola de vida cristã, esforçando-se por se transformar em Igreja doméstica;
   e) a religiosidade transmitida especialmente pelos avós;
   f) a missão dos pais na educação cristã dos filhos, a participação, a colaboração da família na catequese e na comunidade cristã (cf. *AS* 130; cf. *CDC* 793 §1).

240. A vida familiar é como um horizonte que dá direção ao nosso caminhar. As possibilidades e as situações

concretas de cada grupo familiar variam muito. A comunidade eclesial vivendo, ela mesma, um clima fraterno de família, poderá servir de apoio e espaço de ajuda para enfrentar problemas que surgem nas famílias ou com qualquer tipo de desamparo ou solidão.[2]

2.3. Os leigos

241. Os fiéis leigos têm missão importante como batizados e crismados. Eles têm uma sensibilidade especial para encarnar os "valores do Reino" na vida concreta, a partir de sua inserção no mundo do trabalho, da família, das profissões, da política, da cultura... especialmente entre os afastados ou em ambientes onde outros agentes da Igreja não estão habitualmente presentes. Eles podem ouvir quem não se sente Igreja, percebendo por que cada pessoa se afastou, descobrindo o que os de fora gostariam de encontrar na Igreja, quais as expectativas das pessoas que ainda não cativamos. Essa percepção ajudaria a encontrar caminhos de evangelização e catequese.

2.4. Leigos catequistas

242. São milhares de mulheres, homens, jovens, anciãos e até adolescentes que descobrem, na experiência

---

[2] Cf. abaixo 281 e 296-300.

de fé e na inserção na comunidade, a vocação de catequista. Exercem essa missão com esmero, com doação e amor à Igreja. Assim, "dedicam-se de modo especial ao serviço da Palavra, tornando-se porta-vozes da experiência cristã de toda comunidade" (*CR* 144; cf. 147). Merecem que a Igreja os ajude a ter sucesso na tarefa que generosamente abraçaram (cf. *CDC* 776).

243. A vocação para a evangelização decorre do sacramento do Batismo, fortalecido pela Confirmação e alimentado pela Eucaristia. Os catequistas realizam a missão na Igreja, por um tempo integral, por um período limitado de sua vida ou de maneira ocasional. "Sentir-se chamado a ser catequista e receber da Igreja a missão adquire diversos graus de dedicação, segundo a característica de cada um" (*DGC* 231).

244. A comunidade atenderá às diversas necessidades de catequistas e sua formação: com adultos, preparação de jovens, adolescentes e crianças para os sacramentos da iniciação; catequistas em ambientes de missão, entre os povos indígenas, com os idosos e junto às pessoas com deficiência; catequistas para as pequenas comunidades rurais ou ribeirinhas e grandes cidades.

245. "O ministério da Palavra exige o ministério da catequese" (*DGAE* 23). Dada a importância da catequese e o fenômeno da rotatividade entre os catequistas, aconselha-se "que, na diocese, exista

um certo número de religiosos e leigos estáveis e dedicados à catequese, reconhecidos publicamente, os quais, em comunhão com os presbíteros e o bispo, contribuem para dar a esse serviço diocesano a configuração eclesial que lhe é própria" (*DGC* 231). "Ainda que toda a comunidade cristã seja responsável pela catequese, e ainda que todos os seus membros devam dar testemunho da fé, somente alguns recebem o mandato eclesial de ser catequistas. Juntamente com a missão originária que têm os pais em relação a seus filhos, a Igreja *confere oficialmente, a determinados membros do Povo de Deus, especificamente chamados, a delicada missão de transmitir a fé, no seio da comunidade*" (*DGC* 221). Aos catequistas reconhecidamente eficientes como educadores da fé de adultos, jovens e crianças, e dispostos a se dedicarem por um tempo razoável à atividade catequética na comunidade, pode ser conferido oficialmente o *ministério da catequese* (cf. *DGC* 221b).[3]

2.5. Religiosas e religiosos na catequese

246. A Igreja convoca à atividade catequética as pessoas de Vida Consagrada e deseja que "as comunidades religiosas consagrem o máximo das suas capacidades e de suas potencialidades à obra específica da

---
[3] Cf. *DGC* 231a, principalmente a nota 58; *CDC* 228, §1; *EN* 73; *ChL* 23.

catequese" (*CT* 65; cf. *CDC* 778), pois o testemunho dos religiosos, unido ao testemunho dos leigos, mostra a face única da Igreja, que é sinal do Reino de Deus. Convida também os religiosos desde a formação inicial a participarem da formação, organização e animação catequética em sintonia com o Plano de Pastoral e orientações da diocese. A presença alegre, disponível e entusiasta de religiosos na catequese aviva a comunidade e anima os catequistas.

247. Os carismas fundacionais tornam-se atualizados quando os religiosos assumem a catequese especialmente com adultos e jovens. O carisma traz em si uma ação educativa e catequética. Monges e monjas contemplativos, com sua vida oculta em Cristo (cf. Cl 2,2-8; 3,1-4), fornecem à catequese um exemplo de radicalidade evangélica.

2.6. Presbíteros e diáconos

248. Os presbíteros estimulam a vocação e a missão dos catequistas, ajudando-os a realizar o ministério catequético. A Igreja espera deles que não descuidem nada em vista de uma atividade catequética bem estruturada e bem orientada (cf. *CT* 64). O *Código de Direito Canônico* afirma: "Em virtude de seu ofício, o pároco tem a obrigação de cuidar da formação catequética de adultos, jovens e crianças" (cân. 776). A comunidade cristã espera, pois, do

presbítero amor, entusiasmo, apoio e presença na catequese. Espera que o diácono seja fermento de uma catequese de inserção pelo serviço à comunidade, particularmente como ministro da Palavra.

249. É responsabilidade dos presbíteros e dos diáconos, mas principalmente dos párocos (cf. cân. 519):

a) entusiasmar-se pela catequese para que os catequistas se sintam valorizados;

b) acompanhar a catequese em clima de diálogo com a coordenação, dando estímulo à formação permanente dos catequistas e acompanhando as famílias;

c) estimular e apoiar a vocação catequética, ajudando os catequistas a realizarem esse ministério com amor e fidelidade;

d) suscitar na comunidade o senso da responsabilidade para com a catequese;

e) estar atento à qualidade da mensagem, à metodologia, ao crescimento na leitura bíblica, à dimensão antropológica da catequese, ao comprometimento da catequese com a transformação da realidade social;

f) integrar a catequese no projeto de evangelização, em estreita ligação com a liturgia e o compromisso social;

g) assegurar a integração da catequese nos planos diocesanos;

h) zelar para que as orientações pastorais e catequéticas em nível diocesano sejam levadas a efeito;

i) favorecer financeiramente a formação de catequistas e outros gastos da catequese;

j) incentivar a presença de homens no ministério da catequese.

2.7. O BISPO E A CATEQUESE

250. João Paulo II, falando aos bispos, afirma que a preocupação de promover uma catequese ativa e eficaz deve levá-los a assumir em suas dioceses, de acordo com os planos da Conferência Episcopal, a superior direção da catequese, rodeando-se de colaboradores competentes e merecedores de confiança (cf. *CT* 63). O terceiro item do Cap. V do recente Diretório para o ministério pastoral dos bispos é inteiramente dedicado ao bispo como "primeiro responsável da catequese" na diocese (cf. *AS* 127-136).

251. Esse empenho episcopal na promoção da catequese implica:

a) assegurar efetiva prioridade de uma catequese ativa e eficaz na diocese, com atenção especial na cidade;

b) suscitar e alimentar uma verdadeira paixão pela catequese;

c) incentivar a devida preparação dos catequistas, abrangendo: método, conteúdo, pedagogia e linguagem;
d) acompanhar e atualizar a qualidade dos textos utilizados na catequese;
e) organizar um projeto global de catequese na diocese, integrado no conjunto da pastoral;
f) assegurar meios, instrumentos e recursos financeiros;
g) despertar o ministério catequético;
h) zelar pela formação catequética dos presbíteros, tanto nos seminários como na formação permanente.

3. Formação de catequistas

3.1. Importância da formação, sua fonte e protagonistas

252. O momento histórico em que vivemos, com seus valores e contravalores, desafios e mudanças, exige dos evangelizadores preparo, qualificação e atualização. Nesse contexto, a formação catequética de homens e mulheres "é prioridade absoluta" (*DGC* 234). Os recentes documentos da Igreja estimulam a formação inicial e permanente dos seus agentes:[4]

---

[4] Em 1990, a Dimensão Bíblico-Catequética publicou: *Formação dos Catequistas* = Estudos da CNBB 59. O texto ainda é atual e merece ser aprofundado entre os catequistas.

"Qualquer atividade pastoral que não conte, para a sua realização, com pessoas realmente formadas e preparadas coloca em risco a sua qualidade" (*DGC* 234; cf. *CDC* 773 a 780).

253. A fonte inspiradora da formação de catequistas é Jesus Cristo. É Ele que convida: "Vinde e vede" (Jo 1,39) e propõe maior profundidade, mais audácia no compromisso: "Avança mais para o fundo, e ali lançai vossas redes para a pesca" (Lc 5,4). É Ele mesmo que se apresenta como Mestre, Educador e Servidor: "Se eu, o Senhor e Mestre, vos lavei os pés, também vós deveis lavar os pés uns aos outros" (Jo 13,14).

3.2. Objetivos e finalidades da formação

3.2.1. Objetivos

254. A formação de catequistas tem como objetivos:
   a) favorecer a cada catequista o seu próprio crescimento e realização, acolhendo a proposta de Deus e sentindo-se pertencente a uma comunidade;
   b) capacitar os catequistas como comunicadores e no uso adequado dos meios de comunicação (jornal, TV, internet, rádio etc.), a fim de que "saibam transmitir o Evangelho com convicção e autenticidade, para que esta Palavra viva se torne luz e fermento em meio à sociedade atual" (*DGC* 237);

c) preparar os catequistas para desenvolver as tarefas de iniciação, de educação e de ensino e para que sejam autênticos mistagogos da fé;

d) ajudar na busca de maior maturidade na fé, conscientizando para a importância de uma clara identidade cristã;

e) "mostrar quem é Jesus Cristo: sua Vida, seu Ministério, e apresentar a fé cristã como seguimento de sua pessoa" (*DGC* 41);

f) preparar animadores que atuem em diferentes níveis: nacional, regional, diocesano e paroquial;

g) desenvolver uma educação da fé que ajude a fazer a inculturação da mensagem e a compreender as aspirações humanas dos interlocutores da catequese;

h) dar condições para que o trabalho dos catequistas desenvolva a dimensão ecumênica e o diálogo inter-religioso, com plena fidelidade à doutrina da Igreja.

3.2.2. Finalidades

255. O catequista bem formado capacita-se para:

a) comunicar e transmitir o Evangelho com convicção e autenticidade (cf. *DGC* 237);

b) tornar-se um verdadeiro discípulo de Jesus Cristo, comprometendo-se a viver e trabalhar na construção do Reino de Deus;

c) assumir uma espiritualidade de identificação com Jesus Cristo, sustentada pelo testemunho cotidiano de justiça e solidariedade, pela Palavra de Deus, pela Eucaristia e pela missão;

d) crescer de forma permanente na maturidade da fé, com clareza de fé, de identidade cristã e eclesial, e com sensibilidade social (cf. *DGC* 237a);

e) engajar-se na comunidade eclesial e assumir a consciência de que é em nome da Igreja que transmite o Evangelho;

f) saber adaptar a mensagem às culturas, às idades e às situações sociais, culturais e existenciais (cf. *DGC* 236);

g) assumir na catequese as dimensões da *Palavra*, da *Memória* e do *Testemunho* (cf. *MPD* 8-10);

h) proporcionar o gosto pela Palavra de Deus e fazê-la ecoar e repercutir na vida da comunidade;

i) dialogar com outros cristãos, outras religiões e outras culturas.

3.2.3. Critérios para uma adequada formação

256. Critérios são pressupostos que devem ser levados em conta na formação. Ninguém nasce pronto. Cada ser humano vai adquirindo experiências no processo de crescimento. É o princípio *aprender-fazendo*. A formação catequética é um longo caminho a ser

percorrido, através de conhecimentos, de práticas iluminadas pela reflexão bíblico-teológica e metodológica. Requer sintonia com o tempo atual e com a situação da comunidade. Assim, fiéis a Deus, à Igreja e à pessoa humana, os catequistas evangelizam a partir da vida, anunciando o mistério de Jesus (cf. *CR* 78-81).

257. O documento *Catequese Renovada* indica a formação permanente como necessidade fundamental. Nas diversas instâncias de catequese — paróquia, diocese, regional e nacional — deve haver projetos e ações que motivem os catequistas a assumirem um processo permanente de formação.

258. A grande maioria de nossos catequistas é constituída de leigos, sobretudo mulheres. É preciso que eles recebam a formação a partir de sua realidade de leigo, levando em conta a espiritualidade própria, o engajamento familiar, comunitário, social, político... A formação catequética levará em conta a pedagogia e a metodologia próprias da transmissão da fé. Terá presente o processo da catequese e da formação dos catequistas que conduz cada pessoa a crescer na maturidade da fé.

259. A formação catequética necessita perceber as riquezas, bem como os limites pessoais, de cada educador da fé e sua capacidade de trabalhar em equipe. Deve dar-lhe consciência de que falará em nome da Igreja e que para isso é preciso estar inte-

grado numa comunidade. A formação proporciona conhecimentos para desenvolver os conteúdos, ajudar a criar um espírito de alegria e de esperança para superar os desafios, as tensões e os medos. Um catequista bem preparado, que sente ter sucesso no que faz, estará menos propenso a desistir.

260. A missão do catequista exige alicerces firmes. Por isso a formação necessita atender animadores que atuam em diferentes níveis: nacional, regional, diocesano e paroquial.

3.3. Perfil do catequista

261. O perfil do catequista é um ideal a ser conquistado, olhando para Jesus, modelo de Mestre, de servidor e de catequista. Sendo fiel a esse modelo, é importante desenvolver as diversas dimensões: ser, saber, saber fazer em comunidade (cf. *DGC* 238ss).

3.3.1. O ser do catequista, seu rosto humano e cristão

262. *Pessoa que ama viver e se sente realizada*. Assume seu chamado com entusiasmo e como realização de sua vocação batismal. Compromete sua vida em benefício de mais vida para o seu próximo. "Ser catequista é assumir corajosamente o Batismo e vivenciá-lo na comunidade cristã. É mergulhar em Jesus e proclamar o Reinado de Deus, convidando a uma pertença filial à Igreja.

O processo formativo ajudará a amadurecer como pessoa, como cristão e cristã e como apóstolo e apóstola" (cf. *DGC* 238).

263. *Pessoa de maturidade humana e de equilíbrio psicológico.* "Com base numa inicial maturidade humana, o exercício da catequese, constantemente reconsiderado e avaliado, possibilita o crescimento do catequista no equilíbrio afetivo, no senso crítico, na unidade interior, na capacidade de relações e de diálogo, no espírito construtivo e no trabalho de grupo" (*DGC* 239).

264. *Pessoa de espiritualidade, que quer crescer em santidade.* O catequista coloca-se na escola do Mestre e faz com Ele uma experiência de vida e de fé. Alimenta-se das inspirações do Espírito Santo para transmitir a mensagem com coragem, entusiasmo e ardor. "Esta é a vida eterna: que conheçam a ti, o Deus único e verdadeiro, e a Jesus Cristo, aquele que enviaste" (Jo 17,3). Nutre-se da Palavra, da vida de oração, da Eucaristia e da devoção mariana. Falará mais pelo exemplo do que pelas palavras que profere (cf. *CR* 146). A verdadeira formação alimenta a espiritualidade do próprio catequista, de maneira que sua ação nasça do testemunho de sua própria vida.

265. *Pessoa que sabe ler a presença de Deus nas atividades humanas.* Descobre o rosto de Deus nas pessoas, nos pobres, na comunidade, no gesto

de justiça e partilha e nas realidades do mundo. "A fé, no seu conjunto, deve enraizar-se na experiência humana, sem permanecer na pessoa como algo postiço ou isolado. O conhecimento da fé é significativo, ilumina a existência e dialoga com a cultura; na liturgia, a vida pessoal é uma oferta espiritual; a moral evangélica assume e eleva os valores humanos; a oração é aberta aos problemas pessoais e sociais" (*DGC* 87).

266. *Pessoa integrada no seu tempo e identificada com sua gente.* É aberta aos problemas reais e com sensibilidade cultural, social e política. Cada catequista assumirá melhor sua missão à medida que conhecer e for sensível à defesa da vida e às lutas do povo. "Olha o mundo com os mesmos olhos com que Jesus contemplava a sociedade de seu tempo" (*DGC* 16).

267. *Pessoa que busca, constantemente, cultivar sua formação.* Assumir a missão catequética é cuidar com esmero de sua autoformação. Somos pessoas em processo de crescimento e de aprendizado, desde a infância até a velhice. As ciências teológicas, humanas e pedagógicas estão sempre em evolução e progresso. Daí a necessidade de uma formação permanente, assumida com responsabilidade e com perseverança. A catequese, em qualquer ambiente, "precisa de pessoas que buscam preparação e estejam dispostas a aprender sempre mais, para dar

um testemunho convincente de fé. Não basta boa vontade, é preciso uma atualização dinâmica [...]. Requer, também, uma grande intimidade com a Palavra de Deus, com a doutrina e a reflexão da Igreja [...]" (*CMM* 38f).

268. *Pessoa de comunicação, capaz de construir comunhão*. O catequista cultiva amizades, presta atenção nas pessoas, está atento a pequenos gestos que alimentam relacionamentos positivos. A delicadeza diária, simples, também é um anúncio do amor de Deus, através da consideração dos sentimentos das pessoas. "A comunicação autenticamente evangélica supõe uma experiência de vida na fé e de fé, capaz de chegar ao coração daquele a quem se catequiza" (*CR* 147).

3.3.2. O saber do catequista

269. A formação do catequista requer "um conhecimento adequado da mensagem que transmite e ao mesmo tempo do interlocutor que a recebe, além do contexto social em que vive" (*DGC* 238). É importante ressaltar a necessidade de conjugar sempre a teoria com a prática:

a) *suficiente conhecimento da Palavra de Deus*: a Bíblia é fonte de catequese e, portanto, indispensável na formação. "A Sagrada Escritura deverá ser a alma da formação" (*DGC* 240). A própria

Igreja coloca à disposição de seus fiéis documentos que ajudam a aprofundar essa reflexão;[5]
b) *conhecimento dos elementos básicos* que formam o núcleo de nossa fé (cf. *DGC* 130);[6]
c) *familiaridade com as ciências humanas*, sobretudo pedagógicas: o catequista adquire o conhecimento da pessoa humana e da realidade em que vive, através das ciências humanas que, nos nossos dias, alcançaram um grau extraordinário de desenvolvimento;
d) *conhecimento das referências doutrinais e de orientação*: Catecismo da Igreja Católica, documentos catequéticos, manuais... "Diante do legítimo direito de todo batizado de conhecer da Igreja o que ela recebeu e aquilo em que ela crê, o *Catecismo da Igreja Católica* oferece uma resposta clara. É, por isso, um referencial para a catequese e para as demais formas do ministério da Palavra" (*DGC* 121);
e) *conhecimento suficiente da pluralidade cultural e religiosa*, com capacidade para encontrar nela as sementes do Evangelho: "A catequese, ao mes-

---

[5] Podemos citar: Concílio Vaticano II, Constituição Dogmática *Dei Verbum*; Pontifícia Comissão Bíblica, *A interpretação da Bíblia na Igreja*; CNBB, *Crescer na leitura da Bíblia* (2003) = Estudos da CNBB 86; CNBB, *Ler a Bíblia com a Igreja: comentário didático popular da* Dei Verbum (São Paulo, Paulinas/Paulus, 2004).

[6] Cf. mais acima 129-130.

mo tempo que deve evitar qualquer manipulação de uma cultura, também não pode limitar-se simplesmente à justaposição do Evangelho a esta, de maneira decorativa, mas sim deverá propô-lo de *maneira vital, em profundidade* e isso até as suas raízes, à cultura e às culturas do homem" (*DGC* 204; *EN* 20). Considerando a pluralidade religiosa fortemente presente em nossa sociedade e até nas próprias famílias de catequistas e catequizandos, é preciso educação para o diálogo, com conhecimento sério da própria identidade de fé e respeito pelo sentimento religioso dos outros;

f) *conhecimento das mudanças que ocorrem na sociedade*, inteirando-se sobre as descobertas recentes da ciência nos diversos campos: genética, tecnologia, informática... A inculturação da mensagem cristã nesses campos é cada vez mais desafiante. A voz do Espírito que Jesus, por parte do Pai, enviou a seus discípulos ressoa, também, nos acontecimentos da história. Por trás dos dados mutáveis da situação atual e nas motivações dos desafios que se apresentam à evangelização, é necessário descobrir os sinais da presença e dos desígnios de Deus (cf. *ChL* 3);

g) *conhecimento da realidade local*, da história dos fatos, acontecimentos, festas da comunidade, como terreno para uma boa semeadura da mensagem: o discípulo de Jesus Cristo, de fato, participa das alegrias e das esperanças, das tristezas e das angústias dos homens de hoje (cf. *GS* 1, *DGC* 16);

h) *conhecimento dos fundamentos teológicos pastorais*, para ser a voz de uma Igreja com rosto misericordioso, profético, ministerial, comunitário, ecumênico, celebrativo e missionário.

3.3.3. O saber fazer do catequista: a questão metodológica

270. Para que o catequista possa tornar-se uma pessoa de testemunho e de confiança perante a comunidade, é preciso que seja competente em sua ação catequética, superando a improvisação e a simples boa vontade. Para isso, é preciso levar em consideração várias dimensões: *relacionamento, educação, comunicação, pedagogia, metodologia e programação*. É possível desenvolvê-las através de práticas operativas, que vão possibilitando maior experiência.

271. *Relacionamento*: o catequista necessita cultivar a qualidade das relações, pois elas permitem maior interação entre as pessoas. Jesus criou espaços de relacionamento afetuoso, acolhedor, misericordioso, que permitiam às pessoas maior proximidade. O catequista é um mediador de inter-relações na dinâmica do Reino. Um espaço privilegiado de relações

humanas fraternas, de ajuda e de crescimento é o grupo de catequistas. As relações passam pela experiência do diálogo, do compartilhar, da amizade, da convivência dos grupos de trabalho, das festas.

272. *Educação*: o catequista, como o Mestre Jesus, será um *educador* com possibilidade de desenvolver potencialidades, qualidades e capacidades para maior maturidade humana e cristã. "A formação procurará fazer amadurecer no catequista a capacidade educativa, que implica: a faculdade de ter atenção com as pessoas, a habilidade de interpretar e responder à demanda educativa, a iniciativa para ativar processos de aprendizagem e a arte de conduzir um grupo humano para a maturidade. Como acontece em toda arte, o mais importante é que o catequista adquira seu próprio estilo de ministrar a catequese, adaptando à sua personalidade os princípios gerais da pedagogia catequética" (*DGC* 244).

273. *Comunicação*: o catequista necessita ser um promotor de comunicação da vida e da fé. "Ele desperta e provoca a palavra dos membros da comunidade" (*CR* 145). Além dos meios de comunicação da própria Igreja, é importante utilizar material do mundo secular, veiculado através de TV, rádio, jornais, internet, fitas de vídeos, CDs, DVDs...[7]

---

[7] Cf. acima 168-171.

274. *Pedagogia*: o catequista necessita conhecer e integrar elementos de pedagogia na sua prática, fundamentando-a na pedagogia divina, com ênfase na pedagogia da encarnação; nela se destacam:
   a) o diálogo de Salvação entre Deus e a pessoa, ressaltando a iniciativa divina, a motivação amorosa, a gratuidade, o respeito pela liberdade;
   b) uma Revelação progressiva, adaptada às situações, pessoas e culturas;
   c) a valorização da experiência pessoal e comunitária da fé;
   d) o Evangelho proposto em relação com a vida;
   e) as relações interpessoais;
   f) o uso de sinais, onde se entrelaçam fatos e palavras, ensinamento e experiência;
   g) a pedagogia litúrgica;
   h) a mistagogia do processo catecumenal.

275. *Metodologia*: o catequista necessita de:
   a) um suficiente conhecimento dos interlocutores, para haver uma sintonia com as suas necessidades, sentimentos, situações, cultura, valorizando a experiência que cada pessoa traz. Qualquer metodologia deve se inspirar no princípio da interação fé e vida (cf. *CR* 113-117);
   b) levar em conta as ações concretas na comunidade, a memorização, sobretudo das formulações de fé expressas na Bíblia, a criatividade dos

catequizandos, a importância do grupo e a comunidade como lugar visível da fé e da vida.

276. *Programação*: aos responsáveis pela catequese compete conhecer e realizar um planejamento de forma conjunta com o pároco, pais, catequistas e catequizandos, fazendo uma interação com a programação própria da comunidade. Nessa programação incluem-se projetos de formação permanente. É preciso "saber programar a ação educativa, no grupo de catequistas, ponderando as circunstâncias, elaborando um plano realista e, após a sua realização, avaliá-lo criticamente" (*DGC* 245).

3.4. LINHAS PARA FORMAÇÃO DOS CATEQUISTAS

277. Entende-se por linhas: princípios comuns e necessários para conduzir a formação dos agentes da catequese, considerando seus vários aspectos:

a) a consciência de que a catequese é prioridade nas comunidades e de que, para suprir essa missão fundamental na Igreja, precisamos estimular vocações próprias e adequadas;

b) a capacitação de catequistas para responder aos diferentes níveis de interlocutores: adultos, jovens, adolescentes e crianças, bem como para responder aos apelos dos mais variados ambientes e situações. A inculturação do Evangelho dá-se de forma dialética com a realidade vivenciada; para isso, exigem-se conhecimento e discernimento;

c) a particular atenção dos que aspiram à vida presbiteral, tendo nos respectivos institutos a disciplina catequética, com acompanhamento adequado. Motivem-se também para essa formação os membros das ordens, congregações e institutos religiosos;

d) a necessidade de proporcionar aos catequistas leigos uma boa formação pessoal, comunitária, social e espiritual, com um projeto sistemático de aprofundamento bíblico, teológico, litúrgico, didático e metodológico;

e) o cultivo da mística da coordenação e do serviço para os animadores da ação catequética — em nível nacional, regional, diocesano, paroquial — exige que se favoreçam encontros, dias de formação, participação em cursos;

f) a importância da convivência em grupo servirá como testemunho coletivo perante a comunidade. No grupo se dará continuidade à formação, à partilha de vida, à oração em comum, à reflexão, à avaliação das tarefas realizadas, ao planejamento e preparação dos trabalhos futuros (cf. *CR* 151, *FC* 74);

g) a atenção especial para com os pobres, os preferidos de Jesus, despertando o amor e o compromisso com os necessitados;

h) o equilíbrio que deve haver entre ensino e vivência. É importante uma boa base de conhecimento dos fundamentos da fé cristã, da doutrina social[8] e da missão da Igreja. Necessita-se de verdadeira articulação entre saber transmitir conceitos, idéias e formulações, contidas em um manual, e a experiência de vida, evidenciada em atitudes, comportamentos e agir concreto. Essa interação ajuda o catequizando a aprofundar a fé e os compromissos cristãos;

i) a abordagem do *diálogo ecumênico e inter-religioso* diante de um mundo pluralista, sobretudo no campo religioso. Isso requer um processo de reconhecimento do valor do outro, do diferente, bem como de conhecimentos sobre conceitos, história, crenças, princípios do ecumenismo e do diálogo inter-religioso;

j) o caráter continuado da formação (cf. *FC* 80). Somos aprendizes, a vida inteira. É preciso elaborar projetos claros de formação continuada, respeitando os níveis dos catequistas, através de encontros, cursos, reuniões, revisões, leituras variadas de periódicos, de livros e da Palavra de Deus, congressos, jornadas, grupos de estudo, escolas...;

---

[8] O Pontifício Conselho Justiça e Paz publicou recentemente o *Compêndio da Doutrina Social da Igreja* (São Paulo, Paulinas, 2005).

k) a comunidade como lugar de retroalimentação da consciência missionária e do zelo apostólico do catequista. "Por isso, deve conhecer e viver o projeto concreto de evangelização da própria Igreja diocesana e de sua paróquia. O melhor modo de alimentar essa consciência apostólica é o de identificar-se com a figura de Jesus Cristo, Mestre e formador dos discípulos, procurando tornar próprio o zelo pelo Reino, que Jesus manifestou" (*DGC* 239). O protagonismo e compromisso do catequista crescem com o seu próprio processo de aprendizagem. Isso requer que a formação respeite sua condição de leigo, religioso ou ministro ordenado, seu processo de maturidade e fomente a criatividade.

3.5. Espaços para a formação dos catequistas

278. A formação dos animadores de catequese dá-se de forma sistemática e permanente e também de maneira assistemática no cotidiano da vida. No processo formativo, em primeiro lugar se coloca a comunidade cristã. Ela é fundamental, tanto para a formação do catequista como para a permanência do catequizando, como membro da Igreja.

3.5.1. Experiência de fé e vida no cotidiano

279. A sensibilidade diante dos sofrimentos e a participação em lutas em prol de mais vida fazem o catequista amadurecer sua fé, a partir da escola da

vida, pois são "a própria vida, a inserção no meio do povo e as experiências do dia-a-dia que vão formando o catequista" (*FC* 56).

280. Outro espaço do cotidiano são as oportunidades provenientes dos meios de comunicação, do teatro, da poesia, da televisão, do rádio, da música, da literatura. A partir desses meios, somos convidados a ler os sinais de Deus, a encontrar linguagens adequadas e métodos de comunicação.

3.5.2. A família: espaço privilegiado para o crescimento humano e cristão dos catequistas

281. Antes de assumir a catequese, o catequista vive num ambiente familiar. A família é o berço da catequese. Os valores adquiridos, como união, espiritualidade, respeito, justiça, afeição aos pais, fecundam e abrem o coração para os caminhos da fé. A formação recebida em casa tem influência forte na maturidade da fé na vida dos adultos. Catequistas e catequizandos, com experiências familiares menos positivas, deverão achar na comunidade espaço e estímulo para superar dificuldades e até ajudar outros que se encontrem na mesma situação (cf. *CDC* 774 §2).

3.5.3. Escolas catequéticas: espaços de formação em diferentes níveis

282. A catequese favorecerá uma formação sistemática aos catequistas, através de escolas permanentes nos

diferentes níveis: paroquial, diocesano, regional e nacional. As escolas sejam sustentadas por linhas comuns, com programa, material e subsídios adequados e atualizados.

283. As universidades católicas favoreçam cursos para a formação qualificada de catequistas e catequetas, bem como a pesquisa histórica e o acompanhamento de publicações. Professores e assessores que atuam nas escolas catequéticas tenham oportunidades de se atualizar e aprofundar sua formação.

3.5.4. Formação catequética dos seminaristas, diáconos e presbíteros

284. A formação para os seminaristas, diáconos e presbíteros é de suma importância, em função do ministério da evangelização e da catequese. O presbítero e o diácono são ministros da Palavra por excelência. Por isso, são os animadores que fazem a Palavra ressoar em todos os âmbitos da catequese e da comunidade. O presbítero se define também como o "educador da fé" (*PO* 6).

285. A formação catequética de presbíteros e diáconos prevê dois momentos:

   a) *formação prévia*, que no seminário se traduz no estudo da catequética e na prática catequética com acompanhamento adequado;

b) *formação permanente* que permite atualização, através de cursos, encontros e revisões da caminhada.

286. Essa formação tem presente uma catequese renovada, atualizada, dinâmica, com clareza da finalidade, identidade, critérios, interlocutores, âmbitos, conteúdos, métodos da catequese. Os futuros presbíteros e diáconos sejam preparados para acolher o trabalho dos leigos, reconhecendo competência e talentos, numa relação adulta, em que todos crescem juntos na partilha e cooperação.

287. A formação catequética nos seminários e escolas diaconais deverá qualificar presbíteros e diáconos para:

a) suscitar, animar e acompanhar vocações próprias para o serviço catequético;

b) motivar as comunidades cristãs para o crescimento da fé;

c) cuidar da formação humana, bíblica, litúrgica e moral dos catequistas, propiciando recursos materiais e humanos;

d) suscitar um entendimento e vivência do processo de amadurecimento da fé entre catequistas, catequizandos, família;

e) integrar a ação catequética com as demais pastorais;

f) assegurar a conexão entre a catequese e a comunidade, através dos projetos pastorais diocesanos e paroquiais;

g) cultivar nos catequistas uma espiritualidade do seguimento de Jesus Cristo e o espírito de pertença à comunidade eclesial (cf. *DGC* 224).

288. Em todos os institutos teológicos haja a disciplina "catequética" no currículo, estimulando os participantes a um aprofundamento continuado na teoria e na prática, da educação da fé do povo. É aconselhável que os seminaristas participem das escolas catequéticas junto com catequistas.

3.6. Formação em escolas catequéticas e em institutos superiores

289. A diversidade do mundo atual exige catequistas diversificados e diferentes escolas. A finalidade das escolas de catequese é oferecer uma formação adequada nos aspectos: humano, afetivo, espiritual, bíblico, litúrgico, doutrinal, político, cultural e, para possibilitar o crescimento do catequista na fé, na sua vida pessoal e no concreto seguimento de Jesus Cristo.

290. As escolas favorecerão uma formação orgânica e sistemática para as diferentes faixas etárias e situações humanas. Na questão das faixas etárias, é preciso considerar as especificidades na formação de catequistas que atuam com adultos, jovens, adolescentes

e crianças. Atente-se também para a diversidade de realidades no que diz respeito a idosos, crianças de rua, migrantes, os que atuam na área de opinião pública, universitários, turistas, pescadores, caminhoneiros, presos, povos indígenas... A formação formal de catequistas se realiza em escolas para a formação inicial, para coordenadores e para especialistas.

3.6.1. Formação inicial do catequista (nível básico)

291. A maior preocupação da formação inicial é preparar basicamente o catequista com o conhecimento da pessoa humana, do contexto sociocultural, da pedagogia da fé e da mensagem cristã. Essa formação inicial é necessária em todas paróquias, pois é grande a rotatividade de catequistas. É preciso ter sempre disponível um atendimento inicial aos novos catequistas que vão chegando.

3.6.2. Escolas para coordenadores (nível médio)

292. Catequistas que vão atuar na coordenação de paróquias ou dioceses precisam de formação específica. Para atender a essas pessoas, o nível de exigência é maior, quanto ao conteúdo (antropológico e doutrinal), quanto ao método e quanto à forma de organização da escola de catequese. Pode ser oportuno, por economia de meios e de recursos, que tais escolas obedeçam a uma mais ampla orientação (em nível nacional), dirigindo-se aos responsáveis

pelas diversas ações pastorais e convertendo-se em centros de formação dos agentes de pastoral.

3.6.3. Escolas para especialistas (nível superior)

293. Supõe-se nessas escolas uma formação de nível superior, que se destina a presbíteros, religiosos e leigos, com a finalidade de formar formadores, sobretudo nas instâncias diocesanas, nos institutos de teologia, nos seminários, nas casas de formação ou nas escolas superiores. Deverão ser consideradas como instituições universitárias, no que concerne à organização dos estudos, à duração dos cursos e às condições de admissão. Tais instituições têm como missão promover a pesquisa catequética, publicações, seminários, assessoria às dioceses... Para acompanhar essas escolas mantenha-se de forma permanente um grupo de aprofundamento, de reflexão e de avaliação, a exemplo do Grupo de Reflexão das Escolas Catequéticas (GRESCAT).

294. Promover um intercâmbio de ajuda e atender a áreas menos favorecidas é tarefa das escolas de catequese, pois "trata-se de um campo em que a ajuda material dada pelas Igrejas mais favorecidas às suas irmãs mais pobres poderá manifestar a sua maior eficácia" (*DGC* 252). Respeitando a peculiaridade de cada Igreja, a ajuda expressa-se na colaboração dos especialistas na formação de catequistas, na avaliação de roteiros e outras atividades.

Capítulo 8

LUGARES E ORGANIZAÇÃO DA CATEQUESE

> "[...] 'Todos te procuram'. Jesus respondeu: 'Vamos a outros lugares, nas aldeias da redondeza, a fim de que, lá também, eu proclame a Boa-Nova' [...]. E foi proclamando nas sinagogas por toda a Galiléia [...]" (Mc 1,37-39).

> "Há diversidade de dons, mas o Espírito é o mesmo. Há diversidades de ministérios, mas o Senhor é o mesmo. Há diferentes atividades, mas é o mesmo Deus que realiza tudo em todos" (1Cor 12,4-5).

1. Lugares da catequese

295. A catequese necessita aproveitar as novas conquistas tecnológicas, pedagógicas e científicas para o anúncio do Evangelho, bem como utilizar os espaços já constituídos como lugares de catequese, tornando-os dinâmicos e receptores à mensagem de fé. São Paulo, na cidade de Atenas (cf. At 17,16-34), observa o ambiente, entra em contato com o povo e com

pessoas influentes. Estabelece um confronto com o modo de pensar da época e aproveita o espaço para o anúncio do Deus Verdadeiro.

1.1. Lugares privilegiados de catequese

1.1.1. Família como Igreja doméstica, berço de vida e fé

296. Apesar dos dramas vividos pelas famílias,[1] continua sendo fundamental para a fé cristã um alto conceito e ideal sobre família como lugar onde se colocam os fundamentos para a construção da personalidade do ser humano a partir de valores humanísticos, enriquecidos pelo Evangelho (cf. *AS* 202). No entanto, é preciso também buscar modos de ir ao encontro das famílias que não correspondem aos nossos ideais, valorizando o que elas tiverem de positivo e ajudando as pessoas a viver da melhor maneira que lhes for possível. Como tal, a família hoje exige uma catequese acolhedora, criativa e encarnada, que dê esperança, que mostre como viver o amor dentro das condições objetivas de cada pessoa.

297. Para a Igreja, os pais são os primeiros e principais responsáveis pela vida e pela educação de seus filhos; são os primeiros educadores da fé (cf. *DGC* 255; cf. *CDC* 774 §2). Essa visão cristã da família abre e impulsiona a Igreja ao trabalho evangelizador

---

[1] Cf. acima 95, 187-188 e 281.

e pastoral com todas as formas de vida familiar. Com humildade ela oferece apoio, motivações e meios para o crescimento das relações humanas de qualidade que favoreçam o crescimento na fé, no amor e na solidariedade, e criem ambiente para um crescimento sadio das gerações jovens (cf. *AS* 129d). Por isso, onde não se puder contar com a família, haja catequistas especialmente sensíveis e preparados para ouvir crianças, jovens e adultos que devem achar na Igreja estímulo para ser melhores e crescer na fé, sejam quais forem as condições de seu ambiente doméstico. De fato, a Igreja, como missionária, vai ao encontro daqueles que mais precisam de cura, de Salvação, de esperança.

298. Uma atenção especial se dê aos lares com dificuldades, tanto de relacionamento como econômicos. É fundamental um trabalho integrado, de parceria, entre catequese, pastoral familiar, pastoral da criança, pastoral do menor, pastoral da juventude e outras. Envidem-se esforços para um grande envolvimento dos pais ou responsáveis com essas pastorais, de modo que eles se sintam apoiados em sua missão de construir um lar, segundo os valores do Reino. A catequese com crianças e adolescentes se inspire, o mais possível, nos moldes da catequese familiar, em que os pais são preparados para educarem seus filhos na vida cristã e para os sacramentos.

299. Mesmo com tantos desafios, a catequese acredita na família como ambiente propício para o desenvolvimento da fé cristã. Na família o processo de crescimento da fé brota da convivência, do clima familiar e do testemunho dos pais. É uma catequese mais vivencial do que sistemática. Os pais são "os primeiros mestres da fé" (*CR* 121). Se os filhos não tiverem tais mestres, a catequese necessitará ainda de mais competência e acolhimento para educá-los na fé.

300. Para que a família seja espaço da educação da fé é preciso, por parte da Igreja:

a) *organizar* uma adequada formação catequética com adultos;

b) *acompanhar* com ações programadas os jovens cristãos que se preparam para o Matrimônio;

c) *fazer parcerias* com as pastorais e os movimentos que trabalham junto às famílias para que acompanhem e ajudem a superar as dificuldades das famílias cujos filhos estão na catequese;

d) *proporcionar* às famílias uma experiência de Deus, ajudando-as a terem gosto pela oração e pela leitura orante da Bíblia, pela participação nos sacramentos, na vida da comunidade e na promoção da caridade;

e) *criar comunidades* em que haja relações familiares de amizade, partilha, gratuidade e espaço de lazer onde se articulem a festa e a alegria, o compromisso e o prazer;

f) *estimular* os pais para que sejam seguidores de Jesus com convicção, coerência e perseverança;

g) *criar* pontes entre as gerações, onde a sabedoria e a memória da fé dos idosos sejam levadas em conta;

h) *acolher* com caridade as famílias ou núcleos familiares de segunda união que buscam um sentido cristão para a vida;

i) *realizar* encontros de catequese na casa dos catequizandos, junto com os pais, tendo em vista experiências de catequese familiar existentes no Brasil e no exterior, com bons resultados.

1.1.2. A comunidade cristã:
lugar por excelência da catequese

301. As Comunidades Eclesiais de Base e pequenas comunidades nascem da necessidade de viver intensamente a vida da Igreja, do desejo e da busca de uma dimensão mais humana do que as comunidades mais amplas (cf. *EN* 58). Nas comunidades eclesiais de base desenvolve-se uma catequese fecunda, através do clima fraterno, da percepção da realidade, da leitura da Palavra de Deus, da defesa da justiça e da busca da ação transformadora da sociedade, como ambiente adequado para uma catequese integral.

Nelas, a catequese aprofunda a vida comunitária, os fundamentos da vida cristã e o engajamento social (cf. *DGC* 263). São espaço propício para acolher aqueles que buscam um itinerário de catequese, onde se vive o princípio de interação entre fé e vida.

302. Para que a comunidade cristã seja um ambiente propício à catequese é necessário (cf. *DGC* 264):

a) *ser espaço acolhedor* de amizade, de troca de experiências, de convivência humana e fraterna onde as iniciativas como novenas, terços, festa do padroeiro, grupos de reflexão, círculos bíblicos, grupos de oração, grupos de caridade, encontros de preparação para o Batismo sejam ocasiões fortes de catequese;

b) *ser espaço onde se aprenda* e se expresse a solidariedade, integrando fé e vida. Com um coração sensível perante a realidade, a fé leva a uma tomada de posição diante dos clamores dos excluídos, das crianças de rua, idosos, enfermos, desempregados e marginalizados. A Campanha da Fraternidade e as diversas iniciativas de solidariedade ajudam a ligar a vida cristã com os problemas da comunidade;

c) *ser espaço de vida eclesial* onde a celebração da Eucaristia e dos sacramentos seja expressão da presença viva de Jesus na comunidade com liturgias vivas e dinâmicas, integradas na vida e nos acontecimentos. A contemplação do mistério de Cristo, no decorrer do ano litúrgico, é expressão concreta da vivência cristã (*CR* 299). Nesses ambientes valorize-se o culto dominical nas comunidades e a presença dos ministros da Palavra;

d) *ser espaço para o engajamento*. A comunidade torna-se catequizadora pela partilha, unidade e serviços realizados entre famílias, pastorais, movimentos e grupos de cristãos atuantes na comunidade. O Reino de Deus é a meta de todos os serviços e ações. Na comunidade os leigos fortalecem a fé e a reflexão que vão servir de impulso para a sua presença transformadora no mundo;

e) *ser espaço da leitura orante* da Palavra de Deus;

f) *ser espaço de formação* de evangelizadores.

1.1.3. Paróquia como ambiente de catequese

303. A paróquia é uma rede de comunidades que acolhe, educa e anima a vida dos cristãos. É casa fraternal e acolhedora, onde os cristãos vivem como Povo de Deus. Tem uma responsabilidade essencial para com a formação pessoal dos fiéis leigos. É lugar privilegiado da catequese, da celebração dos sacramentos e da caridade (cf. *CDC* 776 e 798).

1.1.4. Pastorais, movimentos, grupos e associações

304. Multiplicam-se na Igreja pastorais que realizam tarefas específicas. Elas não podem deixar de educar seus membros na fé e no senso de Igreja. Isso implica valorizar a pastoral orgânica.

305. Cresce o desejo de viver uma espiritualidade assumida nos movimentos e associações. Os membros desses grupos realizam várias práticas de apostolado, de espiritualidade, de assistência caritativa e de solidariedade. Atendem às diferentes realidades de nosso tempo. Sem dúvida, são uma riqueza para a Igreja hoje. Precisam estar integrados na comunidade e no projeto diocesano de catequese para evitar um paralelismo ou linhas destoantes de catequese (cf. *DGC* 262b).

306. Nos movimentos e associações, a catequese precisa ser entendida como uma dimensão fundamental da Igreja. Pertencer à Igreja é vocação de todos os batizados. Pertencer a esse ou àquele movimento é escolha livre de cada um. Movimentos e associações têm seu jeito próprio de fazer catequese, é claro, mas devem fazer catequese em sintonia com o conjunto da Igreja. É sábia a disposição do *DGC* quando afirma: "Na catequese é importante primeiro educar àquilo que é comum a todos os membros da Igreja, para somente depois se deter no que é peculiar ou diversificante" (*DGC* 262 b). Isso deve

questionar modelos de catequese que acentuam por demais certas particularidades da fé em detrimento de aspectos fundamentais da Revelação, do ensino da Igreja, da doutrina social e da teologia.

307. Os movimentos necessitam assumir uma consciência catequética que estimule e motive os seus membros para não permanecerem apenas no querigma e num certo estágio emocional. Diante do impacto dos contravalores e do secularismo é preciso crescer numa fé coerente, persistente, perseverante e comprometida. Os movimentos e associações, além do primeiro anúncio, cuidem da formação permanente de seus membros, em sintonia com o projeto catequético da paróquia e da diocese.

1.1.5. Outros ambientes de catequese

308. O mundo moderno oferece múltiplas oportunidades para evangelização. São muitos os espaços desafiadores, sobretudo na cidade, onde a catequese precisa descobrir maneiras novas de apresentar às pessoas a proposta do Evangelho, incentivando a descoberta dos apelos de Deus no mundo moderno.

309. O anseio por uma sociedade mais justa, a valorização dos direitos da pessoa humana, a solidariedade entre os povos, o clamor perante as injustiças, a sensibilidade diante das situações de fome e de miséria, o despertar para o cuidado para com a ecologia são hoje aspirações presentes na sociedade

que podem despertar para um caminho de fé (cf. *DGAE* [1999-2002] 25-26).

310. Um dos areópagos modernos são os meios de comunicação social. Para que a catequese possa ser eficiente no mundo das comunicações, faz-se necessário investir no adequado uso da *mídia*, preparar profissionais competentes e qualificados, com critérios cristãos, criar equipes para elaboração de programas catequéticos, intensificar as redes católicas de comunicação, democratizar os meios, facilitando o acesso. Haja também formação para a comunicação entre os catequistas (*DGC* 161).

311. A sociedade oferece uma multiplicidade de manifestações culturais. Por elas passam valores, tradições religiosas, sede de Deus, busca de sentido para a vida, experiências humanitárias, vida e fé. Citando algumas: música, dança, pintura, arquitetura, folclore, cirandas, festas, romarias, santuários, literatura de cordel, símbolos, sinais, a criatividade na sobrevivência... Tudo pode ser aproveitado para mostrar a presença de Deus que passa pela expressão artística, pelo grito em favor da liberdade, pelo respeito à dignidade das pessoas, pela busca da verdade e coerência de vida.

1.2. Tempo do processo educativo da fé

312. A catequese tem início no ventre materno. Descobre as primeiras raízes da fé no ambiente fami-

liar, desenvolve-se na comunidade e solidifica-se no engajamento comunitário e processo formativo das etapas subseqüentes. Com relação à idade de catequese, a dificuldade não reside no estabelecimento de seu início, mas na idade para a celebração dos sacramentos, em especial, a Penitência-Eucaristia-Confirmação. Diante das distâncias geográficas do Brasil e da diversidade cultural-religiosa, torna-se inviável estabelecer uma norma e programa únicos. Alguns critérios devem ser levados em conta:

a) a diocese tenha um projeto catequético que acompanhe as pessoas desde a infância até a idade avançada;

b) a preocupação central da catequese seja a educação da fé, a iniciação à vida comunitária, a formação do cristão ético e solidário; a celebração do sacramento é uma decorrência da caminhada da fé e da vida comunitária;

c) o critério não seja "porque a criança quer", "os pais insistem", "é mais fácil", mas o "crescimento na maturidade da fé, a iniciação na comunidade, a vivência sacramental e o compromisso com a solidariedade";

d) haja uma adequada integração entre as diversas etapas da caminhada da fé;

e) a catequese priorize a educação da fé dos adultos, oferecendo-lhes acompanhamento e aprofundamento da fé, respostas às suas inquietações, indicações para a vivência familiar, profissional e o engajamento na vida eclesial;

f) que o *Rito da Iniciação Cristã de Adultos* (*RICA*) seja conhecido e vivenciado nas comunidades e inspire todas as modalidades de catequese.[2]

313. Constata-se, no Brasil, lamentavelmente, que a Primeira Comunhão Eucarística e a Confirmação quase sempre significam encerramento da catequese e fim da participação na comunidade. Antecipar a idade para a celebração dos sacramentos pode ser, para muitos, antecipar a fragilidade da fé no cotidiano da vida e o distanciamento da vida da comunidade. A questão da idade para a Primeira Comunhão Eucarística leve em conta o justo equilíbrio entre idade cronológica e psicológica, a formação religiosa dos pais e o compromisso deles com a comunidade e o processo catequético anterior recebido na família, na comunidade eclesial e na escola desde a tenra idade. No espírito deste *Diretório*, a catequese deve ser feita por etapas e num processo prolongado.

---

[2] Cf. acima 35-36 e 45-48.

2. O ministério da coordenação e a organização da catequese

2.1. O SERVIÇO DA COORDENAÇÃO

2.1.1. Natureza do ministério da coordenação

314. A coordenação é uma "co-operação", uma ação em conjunto, de co-responsabilidade conforme os diversos ministérios. Jesus é a fonte inspiradora na arte de coordenar. Ele não assumiu a missão sozinho. Fez-se cercar de um grupo (cf. Mc 3,13-19; Jo 1,35-51). Com Ele vai criando sua comunidade. Em Jesus, o ministério da coordenação e animação caracteriza-se pelo amor às pessoas e pelos vínculos de caridade e amizade. Ele conquista confiança e delega responsabilidades.

315. Coordenar é missão de pastor (cf. Jo 10,1-10) que conduz, orienta, encoraja catequistas e catequizandos para a comunhão e participação, para a solidariedade e para a transformação da realidade social. Requer um trabalho em equipe, pois é um serviço representativo da comunidade, dos catequistas e das famílias. Reveste-se de uma mística do exercício da função de Cristo Pastor.

316. Exercer o ministério da coordenação na catequese é gerar vida e criar relações fraternas. É promover o crescimento da pessoa, abrindo espaço para o diá-

logo, a partilha de vida, a ajuda aos que necessitam de presença, de incentivo e de compreensão. Esse ministério se alimenta na fonte de espiritualidade que decorre do seguimento de Jesus Cristo. Não é uma função, mas uma missão que brota da vocação batismal de servir, de animar, de coordenar. Através da coordenação, o projeto de catequese avança, cria relações fraternas, promove a pessoa humana, a justiça e a solidariedade. A coordenação procura ser missionária, inserida na comunidade, formadora de atitudes evangélicas, comprometida com a caminhada da catequese e com as linhas orientadoras da diocese.

317. A catequese não pode ser considerada uma empresa que visa à produtividade, ao lucro, à eficiência e à execução fria das leis de mercado. Entretanto poderá incorporar as conquistas das ciências modernas, com maior eficiência no método, no uso do tempo, na qualidade de vida e no aproveitamento dos recursos. A palavra-chave desse ministério é "articulação". O coordenador não acumule funções, nem se apascente a si mesmo, mas sim as ovelhas (cf. Ez 34,2).

2.2. Características do serviço da coordenação

318. São características do serviço da coordenação:
   a) *assumir* esse ministério como uma missão que brota de uma experiência de vida cristã comunitária;

b) *entender* o significado do serviço de coordenação e suas atribuições;
c) *suscitar* vida entre as pessoas, cultivando um relacionamento humano, fraterno e afetivo;
d) *perceber* a realidade socioeconômica-política-eclesial e cultural que envolve as pessoas e as comunidades. Não há uma coordenação neutra: ela está situada num contexto sociocultural em nível local, nacional, mundial;
e) *assumir* as exigências da coordenação como um serviço em benefício do crescimento das pessoas e da comunidade. Esse serviço expressa a experiência de partilha, de descentralização, da missão realizada em equipe, de relações fraternas, sinalizadoras de um novo modo de viver que brota do Evangelho;
f) *criar* uma rede de comunicação entre as diversas instâncias: comunidade, paróquia, diocese, regional e nacional;
g) *adotar* a metodologia do aprender a fazer fazendo, tendo presentes objetivos claros e ações concretas a serem desenvolvidas;
h) *ter capacidade* para perceber que as pessoas têm saber, capacidades, valores, criatividade e intuições que contribuem para o exercício da coordenação;
i) *desenvolver* qualidades necessárias para um trabalho em equipe: capacidade de escutar, aprender, dialogar; reconhecer os valores do

grupo; proporcionar o crescimento da consciência crítica, da participação e do compromisso; expressar solidariedade nas dificuldades e nas alegrias; ter um espírito organizativo;

j) *saber lidar* com desencontros, problemas humanos e situações de conflito com calma, num clima de diálogo, caridade e ajuda mútua;

k) *perceber* a realidade e a estrutura da graça, mais do que a eficiência e o ativismo;

l) *buscar* e partilhar conhecimento atualizado sobre planejamento participativo;

m) *integrar-se* com as demais pastorais (pastoral orgânica).

2.3. Organização e exercício da responsabilidade

319. A missão catequética não se improvisa e nem fica ao sabor do imediatismo ou do gosto de uma pessoa. Catequese é uma ação da Igreja e um projeto assumido pela comunidade, como um "processo de educação comunitária, permanente, progressiva, ordenada, orgânica e sistemática da fé" (*CR* 318). Jesus Cristo ensina a ter objetivos claros e ações concretas. "De fato, se algum de vós quer construir uma torre, não se senta primeiro para calcular os gastos, para ver se tem o suficiente para terminar? Caso contrário, ele vai pôr o alicerce e não será capaz de acabar [...]" (Lc 14,28-29).

320. A catequese precisa de uma organização apropriada para responder às situações e realidades diversi-

ficadas das comunidades e integrada na pastoral orgânica, para evitar a dispersão de forças. Ela será eficaz se a comunidade, paróquia e diocese tiverem um projeto de evangelização. A organização da catequese necessita ser mais *evangelizadora* e *pastoral* do que *institucional*. Assim responderá com mais flexibilidade aos objetivos e estará atenta aos clamores da vida e às exigências da fé. Precisa estar ligada aos acontecimentos, eventos e programações da Igreja, para caminhar em sintonia com a comunidade, garantindo a unidade e a comunhão.

321. A ação catequética, na Igreja, cuida das diferentes etapas, de grupos diferenciados. Sua organização precisa ser adequada aos interlocutores: não é pedagógico enquadrar meninos de rua no mesmo regulamento que serve para os filhos dos casais que freqüentam a Igreja. Plantonistas ou operários em turnos especiais precisam de horários compatíveis com as suas necessidades...

322. A organização da catequese no Brasil constitui-se em vários níveis: paroquial, diocesano, regional e nacional. A cada instância correspondem algumas tarefas específicas.

2.3.1. Em nível paroquial

323. Um lugar fundamental de catequese é a comunidade paroquial. Nela, a fé e a vida se entrelaçam e se aprofundam com grande vitalidade. A comunidade

paroquial preocupar-se-á com o crescimento da fé de seus membros, o que não é responsabilidade somente dos catequistas (cf. *CDC* 776).

324. O pároco é o responsável primeiro, em nível de paróquia, pela catequese junto com os catequistas. São funções do pároco:

a) *despertar* e estimular a vocação do catequista como um fundamental ministério na comunidade;

b) *motivar* a comunidade paroquial para assumir em conjunto a responsabilidade do crescimento na fé;

c) *orientar*, animar e acompanhar a ação catequética;

d) *promover* a formação contínua dos catequistas;

e) *organizar* a catequese com adultos, com jovens e crianças;

f) *favorecer* o aprofundamento da fé por meio de círculos bíblicos, grupos de família e outras iniciativas;

g) *criar* meios para atingir os que estão distantes da fé cristã ou são indiferentes em relação a ela;

h) *oferecer* uma catequese de qualidade aos adultos que se preparam para o Matrimônio, Batismo, Confirmação, Eucaristia... (*CT* 67);

i) *ajudar* os catequistas a assumirem a catequese como um ministério e um serviço em nome da comunidade;

j) *responsabilizar-se* para que as orientações diocesanas, referentes à catequese, sejam levadas a efeito;

k) *providenciar* recursos financeiros para que a catequese alcance seus objetivos.

325. Toda paróquia terá uma equipe de catequese, sob a orientação pastoral do pároco. Ela envolverá membros das comunidades e catequistas das várias etapas da catequese. São tarefas dessa equipe:

a) *estar integrada* e presente no Conselho Pastoral da Paróquia ou da comunidade;

b *articular* com todos os catequistas os projetos e programas assumidos em conjunto;

c) *estar em sintonia* e integrada com a programação paroquial;

d) *assumir* as propostas da catequese em nível diocesano e as orientações aprovadas pela diocese;

e) *organizar* equipes nos vários níveis de catequese (adultos, Matrimônio, Batismo, Confirmação, Eucaristia, catequese junto às pessoas com deficiência...);

f) *promover* reuniões periódicas para programar e avaliar; dar nova condução a trabalhos sem eficiência, corrigindo as falhas;

g) *assegurar* formação adequada e permanente dos catequistas, em nível local, sistematizando jornadas, semanas, escolas paroquiais de catequese;

h) *sistematizar* uma catequese permanente com os pais e promover ações referentes à formação com adultos;

i) *suscitar* a troca de experiências entre as comunidades paroquiais.

326. É missão do coordenador paroquial de catequese:

a) *orientar*, animar e coordenar, em comunhão com o pároco, a catequese paroquial nos diversos níveis;

b) *elaborar* em conjunto o planejamento paroquial, levando em conta: necessidades locais, objetivos, princípios orientadores, projetos, cronograma, responsabilidades e os dados de um processo periódico de avaliação;

c) *facilitar* a utilização de instrumentos e recursos para o bom andamento da catequese;

d) *representar* a paróquia nas instâncias diocesanas;

e) *integrar* a catequese com as demais pastorais;

f) *preocupar-se* com a formação sistemática e permanente dos catequistas em todos os níveis;

g) *despertar* entre os catequistas a espiritualidade do seguimento de Jesus Cristo, inspirada na Palavra de Deus e celebrada na liturgia;

h) *desenvolver* qualidades necessárias para um bom trabalho em equipe: capacidade de escuta e diálogo, valorização do grupo, crescimento na consciência crítica, espírito de participação, firmeza no compromisso, solidariedade nas dificuldades, nas alegrias e espírito organizativo.

2.3.2. Em nível diocesano

327. A organização da catequese na diocese tem como ponto de referência o bispo e sua equipe de coordenação (cf. *DGC* 217 e 265; cf. *CDC* 775; *AS* cap. V, item 3). A coordenação diocesana da catequese, formada por uma equipe (bispo, padres, diáconos, religiosos e catequistas), assume tarefas fundamentais, como:

a) *buscar* uma visão clara da realidade geográfica, histórica, cultural, socioeconômica e política da diocese;

b) *perceber* os desafios, as ameaças e as oportunidades com relação à prática catequética;

c) *elaborar* um planejamento com objetivos claros, ações concretas, integrado com a pastoral da diocese;

d) *estabelecer* os itinerários e a modalidade da catequese segundo a pedagogia catecumenal para as diversas idades, especialmente para adultos, tanto batizados como não-batizados;

e) *discernir* sobre a idade, duração das etapas, celebrações e outros elementos necessários para o bom andamento da catequese;

f) *elaborar* ou indicar para a diocese instrumentos necessários para a educação da fé de seus membros, como: textos, manuais, subsídios, programas para diferentes idades;

g) *promover* uma aprimorada formação dos catequistas, sobretudo das coordenações paroquiais, envolvendo-os em jornadas, reuniões, escolas catequéticas, retiros, momentos de oração e de confraternização;

h) *apoiar* as coordenações paroquiais em suas iniciativas, dando-lhes sustento através de reuniões, subsídios, jornais catequéticos, revistas;

i) *criar* e *organizar* escolas catequéticas diocesanas com programas e conteúdos adequados à realidade, com maior atenção à formação bíblica, litúrgica e metodológica;

j) *prover* fonte de recursos e uma sustentação econômica para o projeto catequético diocesano;

k) *integrar* a catequese com a liturgia, os ministérios, as pastorais e ações prioritárias assumidas;

l) *efetivar* os compromissos assumidos em nível nacional e aprovados pela CNBB, entre eles a elaboração ou renovação do *Diretório Diocesano de Catequese*;

m) *ler, estudar e aprofundar* documentos elaborados em nível nacional, latino-americano e da

Sé Apostólica, e colocá-los em prática com os catequistas;

n) *participar* com responsabilidade das reuniões efetivadas em nível regional;

o) utilizar os meios de comunicação e a internet para possibilitar um intercâmbio e maior aprofundamento;

p) *detectar* os "novos areópagos" da catequese no âmbito da diocese.

2.3.3. Em nível regional

328. A coordenação da catequese em nível regional é constituída por representantes escolhidos pelas coordenações das dioceses, tendo à frente um bispo e uma equipe formada por leigos, religiosos, seminaristas, diáconos e presbíteros. É missão dessa equipe:

a) *manter* a unidade e a comunicação entre as dioceses do regional e com a Comissão Episcopal Pastoral para a Animação Bíblico-Catequética;

b) *favorecer* a formação catequética através de cursos ou escolas para as coordenações diocesanas e as diferentes etapas na caminhada da fé;

c) *manter* sintonia com objetivos, ações e prioridades assumidas em nível nacional;

d) *suscitar* troca de experiência entre dioceses, o intercâmbio de material, programas de formação, colocando em comum pesquisas, atividades, competências e recursos, de maneira a ajudar as dioceses que não dispõem de recursos ou de pessoas qualificadas para a catequese (cf. *DCG* [1971] 127).

2.3.4. Em nível nacional

329. Segundo o *Diretório Catequético Geral* é absolutamente necessário, em nível nacional, um órgão permanente em função da catequese (cf. *DCG* [1971] 126-127; *DGC* 269). A CNBB em sua organização inclui a *Comissão Episcopal Pastoral para a Animação Bíblico-Catequética*, com o objetivo de animar a pastoral bíblica e dinamizar a catequese. Ela é formada por uma comissão de três bispos, auxiliados por dois assessores. Essa equipe nacional tem as seguintes funções:

a) *animar, acompanhar e alimentar* com boa reflexão a catequese em nível nacional;

b) *levar* a termo os projetos da animação bíblico-catequética, assumidos pela CNBB no quadriênio;

c) *animar* a pastoral bíblica;

d) *propor*, em parceria com o setor da liturgia, itinerários catequéticos inspirados na dimensão catecumenal, tendo presente o *RICA*;

e) *convocar* e presidir as reuniões dos diferentes níveis de atuação: Grupo de Reflexão Catequética (G<small>RECAT</small>), Grupo de Reflexão Bíblica Nacional (G<small>REBIN</small>), Grupo das Escolas Catequéticas (G<small>RESCAT</small>), Grupo dos catequetas e outros;

f) *representar* a Conferência Nacional dos Bispos do Brasil nos encontros nacionais e internacionais de catequese e Bíblia;

g) *organizar* congressos e semanas nacionais, enfocando assuntos prioritários para a catequese e Bíblia;

h) *viabilizar* a prática deste *Diretório Nacional de Catequese* e dos documentos da catequese dos diversos níveis: nacional, latino-americano e da Sé Apostólica;

i) *apoiar*, incentivar e acompanhar uma adequada formação dos coordenadores de catequese de nível regional;

j) *auxiliar* as outras pastorais, organismos e serviços para que a animação bíblico-catequética esteja atuante em todas elas; reciprocamente, ajudar a catequese a levar em conta as demais dimensões, particularmente a dimensão litúrgica e sociotransformadora;

k) *incentivar* a produção de material catequético nos regionais e dioceses;

l) *acompanhar* as publicações catequéticas e da animação bíblica;

m) *visitar* os regionais e manter contato com eles, através de correspondência, subsídios e troca de material;

n) *incentivar* a celebração do dia do catequista (4º domingo de agosto) e da Bíblia (último domingo de setembro);

o) *manter* contato com as diversas entidades que se ocupam com a reflexão e divulgação da Bíblia;

p) *incentivar* o bom desempenho da disciplina "catequética" nos cursos de teologia e o gosto pela catequese nos seminários e nas casas de formação religiosa.

2.3.5. Articulação com organismos internacionais

330. A Comissão Episcopal Pastoral para a Animação Bíblico-Catequética manterá permanente contato e mútua colaboração com: o secretariado nacional de catequese dos diversos países, com a Seção de Catequese do CELAM, com a Federação Bíblica Católica (FEBIC), com a Sociedade de Catequetas Latino-americanos (SCALA), com o Conselho Internacional de Catequese (COINCAT) e com a Congregação para o Clero.

CONCLUSÃO

> "Ide, pelo mundo inteiro, e anunciai a Boa-Nova a toda criatura!" (Mc 16,15).

331. O *Diretório Nacional de Catequese*, síntese de 50 anos de movimento catequético, faz parte do propósito da Igreja no Brasil de se aperfeiçoar sempre mais, no cumprimento do mandato de Jesus Cristo a seus discípulos de levar ao mundo o seu Evangelho (cf. Mt 28,19-20). Ele é oferecido como mediação para um novo impulso de renovação da catequese, parte fundamental do ministério da Palavra, sem o qual a Igreja não subsiste. Mas este *Diretório* está, outrossim, em sintonia com o projeto da Nova Evangelização, proposto pelo Papa João Paulo II, de feliz memória, uma evangelização que seja "nova no ardor, nova no método e nova na expressão".

332. A catequese ajuda a pessoa a ser inteiramente impregnada pelo mistério de Cristo, à luz da Palavra. Ela, no conjunto da evangelização, corresponde ao período em que o cristão, depois de ter aceitado pela fé a pessoa de Jesus Cristo, como único Senhor, e após lhe ter dado uma adesão global, por uma sincera conversão do coração, se esforça por

melhor conhecer o mesmo Jesus Cristo, ao qual se entregou; conhecer a sua mensagem evangélica e os caminhos que Ele traçou para aqueles que o querem seguir. Para que esse processo catequético aconteça, é preciso procurar inspirar-se no catecumenato dos primeiros séculos, com suas etapas, ricas de convivência, oração, celebrações, diálogo, estudo, exigências de mudança de vida.

333. Seja este *Diretório* bem acolhido por todos, prontamente estudado e colocado em prática, de modo inculturado, segundo as várias realidades. Ele dá orientações e pistas para a formação dos que direta e indiretamente estão envolvidos com a catequese para que, fiéis à Sagrada Escritura e à Igreja, realizem uma eficaz educação da fé.

334. É com alegria e gratidão a Deus e a todos os catequistas que nós, bispos, aprovamos este *Diretório Nacional de Catequese*, confiantes nas luzes do Espírito Santo e no cuidado materno de Maria, para que ele cumpra bem a sua missão, dando frutos de renovação de nossa Igreja.

Itaici, 15 de agosto de 2005

GLOSSÁRIO

AÇÃO CATÓLICA – compreende diferentes movimentos de leigos, desenvolvidos a partir de 1925, a pedido do Papa Pio XI, como forma de participar da ação missionária. Desenvolveu bastante a dimensão social da fé e iniciou o método *ver-julgar-agir*.

ANTROPOLOGIA – é o estudo filosófico sobre a pessoa humana.

AREÓPAGO – Tribunal de Justiça da antiga Atenas (Grécia); local de discussões político-sociais e religiosas onde o apóstolo Paulo também pregou; passou a significar lugar de grande audiência.

BIBLISTA – estudioso em Bíblia e/ou membro de uma sociedade bíblica.

CANONICAMENTE IRREGULARES – os que não estão de acordo com o *Código de Direito Canônico*, que contém as leis da disciplina da Igreja.

CATEQUETA – especialista ou estudioso de catequese, professor de catequética, ou então aquele que possui mestrado ou doutorado em catequética.

CATEQUÉTICA – estudo científico, metódico e sistemático da catequese em todas as suas dimensões.

CATECUMENATO – período de pelo menos três anos que a Igreja do século II ao século V exigia como preparação dos adultos para o sacramento do Batismo. Hoje toda e qualquer catequese se reveste de uma "dimensão catecumenal".

CATECÚMENO – pessoa adulta que se prepara com a catequese para receber os sacramentos da iniciação: Batismo, Confirmação e Eucaristia.

CEBs – as Comunidades Eclesiais de Base são grupos de cristãos que procuram viver o cristianismo à imitação das comunidades da Igreja primitiva. Foram promovidas após o Concílio Vaticano II, principalmente na América Latina.

CONCÍLIO DE TRENTO – reunião de bispos realizada em Trento (Itália), de 1545 até 1563, proporcionando um esclarecimento da doutrina cristã diante da difusão da Reforma Protestante, propondo soluções para a vida espiritual e religiosa do povo cristão, em crise.

CONFERÊNCIA EPISCOPAL – organização de bispos (em âmbito nacional e/ou regional) que se reúnem regularmente para a coordenação da pastoral interdiocesana e intercomunicação das dioceses. É a expressão mais significativa da colegialidade episcopal e tem grande significado para promover a comunhão e a colaboração entre as dioceses e para a pastoral de conjunto.

DEPÓSITO DA FÉ – expressão usada em 1Tm 6,20 e 2Tm 1,12-14 para indicar o conjunto da doutrina da fé. O "depósito" que Paulo transmite é o conjunto da Revelação divina. Posteriormente o termo foi utilizado para indicar o conjunto da Revelação divina, de que fazem parte a Bíblia, os dogmas, a moral, os sacramentos, a missão e a ordem hierárquica da Igreja.

DIDÁTICA – é ligada a métodos e ao ensino. A catequese e o Ensino Religioso Escolar possuem um ensino (didática) específico, conforme o conteúdo, o destinatário, o lugar do ensino etc. A inspiração principal é a própria "pedagogia de Deus".

DOUTRINA SOCIAL DA IGREJA – é o ensinamento doutrinal da Igreja sobre a justiça e paz; é um conjunto de princípios de reflexão, critérios de julgamento e diretrizes de ação que visam à realização da justiça social e do bem comum na sociedade e entre as nações.

ECUMENISMO – a palavra ecumenismo vem do grego *oikouméne*, que significa "a terra, a casa ou mundo habitado". Aplicado às religiões cristãs, ecumenismo quer dizer diálogo, respeito, aproximação, cooperação e esforço entre as Igrejas cristãs na busca da unidade como resposta à Palavra de Jesus "que todos sejam um" (Jo 17,21). Habitamos a mesma casa, que é o mundo, e temos Jesus Cristo como centro de nossa fé. No Brasil, o grande passo para a construção do ecumenismo foi a criação do Conselho Nacional das Igrejas Cristãs do Brasil (CONIC) em 1982.

EPISTEMOLOGIA – teoria ou ciência da origem, natureza e limites do conhecimento humano.

ESOTERISMO – designa um conjunto de tradições e interpretações filosóficas das doutrinas que buscam desvendar seu sentido oculto.

FIDES QUA e *FIDES QUAE* – expressões latinas intraduzíveis, que significa de um lado a fé fiducial, o sentimento, a adesão do coração e da mente a Deus que se revela (*fides qua*) e, por outro lado, o conteúdo, a doutrina, as verdades da fé que acreditamos (*fides quae*). A doutrina (dimensão racional da fé) está sempre em função da adesão profunda e vital a Deus (dimensão do coração).

GNOSTICISMO – movimento religioso-filosófico da antiguidade que pretendia salvar o homem pelo conhecimento. Absorveu várias doutrinas cristãs, mas rejeitou outras, formando diversas heresias, ameaçando a verdade da Igreja nos séculos II e III.

HERMENÊUTICA – o termo deriva-se do grego *herménéuein*, que significa "exprimir, explicar interpretar, traduzir". Consiste num conjunto de regras que permitem determinar o sentido literal do texto.

ÍCONE – imagem religiosa usada nas Igrejas orientais, elaborada dentro de critérios próprios a partir da fé. Simboliza a realidade divina e serve de ponto de referência para a meditação.

IGREJA PARTICULAR – o mesmo que "diocese ou Igreja local". É uma porção do Povo de Deus, cujo cuidado pastoral está confiado ao bispo com a colaboração e na unidade dos presbíteros, diáconos, religiosos, religiosas, leigos e leigas.

INCULTURAÇÃO – é a passagem de valores do Evangelho para dentro de uma cultura, enriquecendo-a ou purificando-a, se necessário, e sem opressão.

INICIAÇÃO – processo pelo qual os que receberam o anúncio do Evangelho são introduzidos (iniciados) no mistério da Salvação e em um estilo evangélico de ser: experiência de vida cristã, ensinamento sistematizado, mudança de vida (conversão), crescimento na comunidade, constância na oração, alegre celebração da fé e engajamento missionário. Esse longo processo de iniciação, chamado catecumenato, concluía-se, no cristianismo primitivo, com a imersão no mistério pascal através dos três grandes sacramentos da iniciação: Batismo, Confirmação e Eucaristia. Hoje, a catequese para os que já são batizados assume as características da iniciação cristã.

JANSENISMO – doutrina ensinada pelo teólogo e bispo holandês Cornélio Jansênio (1585-1638). Caracteriza-se pelo rigorismo e formação de consciências escrupulosas. Foi condenada pela Igreja como herética.

LEITURA FUNDAMENTALISTA – o nome é derivado de um movimento de cristãos protestantes da metade do século XIX, que estavam preocupados com as novas interpretações da Bíblia. Para os fundamentalistas, a Bíblia deve ser tomada ao pé da letra, sem a compreensão dos dados históricos ou referentes às ciências e gêneros literários, sem levar em conta o contexto em que foram elaborados e transmitidos.

MAGISTÉRIO DA IGREJA – é o ensinamento oficial da Doutrina da Igreja pelo Papa e bispos, sucessores dos apóstolos, em assuntos de dogma, moral e costumes. É a interpretação católica da Tradição e das Escrituras.

MEMORIAL – o ato de "fazer memória ou lembrança" de uma ação salvífica do passado, que se torna presente hoje, gerando um compromisso de vida. Na liturgia, por exemplo, faz-se memorial da ação de Deus, de suas grandes obras. Os sacramentos são um memorial que torna presente o que Jesus fez para nos salvar.

METODOLOGIA CATEQUÉTICA – modos ou maneiras de educar a fé; apóia-se na pedagogia de Jesus e utiliza a contribuição das ciências humanas.

MÍDIA – veículos ou meios de comunicação ou divulgação da ação publicitária; o mesmo que "meios de comunicação social".

MISTAGOGIA – palavra grega que significa iniciar nos mistérios através de ritos, levando os iniciados a viver o mistério da Salvação. A mistagogia é a própria ação celebrativa que introduz os cristãos em assembléia, como participantes do mistério da Salvação: leva à comunhão com o Pai em Jesus Cristo, sob a ação do Espírito Santo. Catequese mistagógica é a que introduz no significado da liturgia seus ritos e sinais.

MISTÉRIO – o termo se refere ao desígnio de Salvação realizado por Deus em Jesus Cristo. Indica também a ação amorosa de Deus conosco, na vida e especialmente nos sacramentos.

MISTÉRIO PASCAL – significa o caminho percorrido por Jesus em sua Paixão, Morte e Ressurreição. O mistério Pascal é o centro de toda a vida terrena de Jesus Cristo e do significado profundo de sua vida para Deus e para os homens, o centro propulsor da vida da Igreja, o centro de toda a liturgia cristã e da vida de fé de cada cristão, o núcleo central do anúncio cristão e da catequese (cf. *querigma*).

MODERNIDADE – período da história em que se desenvolveram mais as ciências e a tecnologia. Em geral a modernidade é marcada por uma grande valorização da razão científica.

PADRES DA IGREJA – assim são denominados os escritores católicos, bispos, clérigos e leigos que viveram entre os séculos I a VII d.C. e se distinguiram como mestres da fé e promotores da unidade da Igreja.

PRÁXIS – é a dimensão da *prática* cristã, para diferenciar da *doutrina*. A proclamação da verdadeira fé (doutrina) leva à prática conseqüente da vida cristã. É viver uma vida correspondente ao Evangelho que se proclama.

PRESBÍTEROS – nome dos ministros que receberam o segundo grau do sacramento da Ordem na Igreja Católica. São chamados também de sacerdotes ou padres (o 1º grau é o episcopado e o 3º grau é o diaconato).

QUERIGMA – termo grego utilizado pelas primeiras comunidades cristãs para indicar o essencial do anúncio da Boa-Nova; é o resumo e centro do Evangelho.

RICA – o mesmo que *Rito de Iniciação Cristã de Adultos*. É um livro litúrgico que traz os ritos para o batismo de adultos. Toda e qualquer catequese precisa se inspirar nesse "processo de iniciação", chamado "catecumenato".

RITO – conjunto de gestos, orações, fórmulas litúrgicas, sinais e símbolos, expressando na celebração uma realidade que não se vê. É o conjunto das cerimônias próprias a uma Igreja ou religião.

SÍMBOLOS – em grego, *syn-ballo* significa "colocar junto, confrontar". É um gesto ou um objeto que traduz uma realidade maior ou superior, evoca um sentido que vai muito além daquilo que ele significa ou representa em si. Mostra as relações entre dois elementos da realidade: um objetivo e outro subjetivo.

SINAL – é a associação de duas realidades concretas unidas por uma conexão natural ou convencional.

TEOLOGIA DA LIBERTAÇÃO – não é um novo tema de teologia; trata-se de um novo estilo de fazer teologia e de articular a vivência cristã. A sua interpretação procede à luz da fé cristã, denunciando o pecado estrutural e social e anunciando as mediações necessárias para encarar a libertação de Jesus Cristo.

TRADIÇÃO – em latim *traditio*, que vem do verbo *tradere*, o qual significa "entregar, transmitir, passar adiante". Na linguagem teológica, a Tradição é o processo pelo qual o conteúdo da verdade revelada é transmitido às diversas gerações e ambientações culturais, empregando palavras e normas diversas, mas conservando sempre a sua essência.

TRADITIO e *REDDITIO* – palavras latinas que, durante o catecumenato, traduziam o gesto da entrega (*traditio*) da Bíblia, do Credo e do Pai-Nosso por parte da Igreja aos catecúmenos e estes, por sua vez, "devolviam", à comunidade, essa mensagem recebida em forma de vivência cristã, práticas evangélicas assimiladas em sua própria maneira de ser (*redditio*).

ÍNDICE TEMÁTICO

Adultos: 13a.c.f.k, 36, 46, 78, 81a, 93, 96b.e, 112, 128, 165, 175, 181, 182a.d, 184, 188, 197, 207, 210c, 236, 144, 245, 247, 248, 277b, 281, 290, 297, 300a.e.f, 324e.h. 325

Ação catequética: 5, 7, 8, 11, 190, 223, 234, 236, 237, 270, 277, 287, 321, 324

Acolhida: 31b, 37, 76, 182c, 203, 235, 237

Adaptação: 1, 173, 179, 200

Adolescentes: 64, 96a, 187, 188, 195, 242, 244, 277b, 290, 298

Agentes da catequese: 277

Alegria: 21, 30, 86, 110, 112, 113, 119, 148b, 154, 198, 206, 238, 259, 269g, 300e, 318i, 326h, 334

Ambiente: 12, 13, 13g.h, 52, 134, 148b, 188, 213, 214, 238, 267, 281, 295, 297, 299, 301, 302, 312

América Latina: 67, 82

Amor: 13f, 14e, 19, 21, 28, 31c, 32, 53e, 80, 89, 95, 98, 116, 126, 129c, 133, 134, 138, 139, 141b.e, 144, 146, 172, 193, 194h, 195, 210f, 211, 217, 239a, 242, 248, 249, 268, 277g, 296, 297, 314

Animação Bíblico-Catequética: 328, 329, 330

Ano litúrgico: 53b, 117, 118, 122j, 143, 302c

Antigo Testamento: 130, 140

Anúncio: 13e, 30, 31, 32, 33, 38c, 43, 46, 49a, 53f, 55, 57, 102, 105c, 118, 120, 123, 141b, 175, 205, 231, 268, 295, 307

Articulação: 10, 13j, 76, 277h, 317

Atividade: 7, 8b.e, 9a, 13g.j.k, 14d, 33, 118, 142, 148b, 152, 196, 196d, 218, 232, 236, 245, 246, 248, 252, 265, 294, 328d

Avaliação: 135, 277, 293, 294, 326

Batismo: 35, 36, 37, 45, 46c, 47, 48, 49a, 50, 102, 129b, 135, 184, 199, 243, 262, 302a, 324h, 325e

Bíblia: 9a, 12, 13e, 14c, 80, 81, 83, 106, 107, 108, 109, 110, 111, 112, 113, 114, 125, 128, 135, 136, 137, 147b, 155, 224b, 230, 269a, 275b, 300d, 329f.g.n.o

Bispo: 3, 24, 54, 74, 76, 78, 232, 235, 245, 250, 327, 328, 329, 329f, 334

Caridade: 25, 90, 94, 106, 141c, 173, 174, 182d, 183d, 193, 300d, 300h, 302a, 303, 314, 318j

Carisma: 99, 172, 247

Catecismo da Igreja Católica: 4, 82, 123, 124, 129, 132, 134, 136, 147b, 153, 269d

Catecismos: 9a, 66, 69, 74, 123, 124, 127, 131, 132, 133

Catecumenato: 35, 36, 46b, 49, 49a.b.c.d.e, 50, 53d, 184, 332

Catecúmenos: 45, 48, 49d, 120, 135, 146

Catequese litúrgica: 7, 121, 229

Catequese Renovada: 2, 11, 12, 13, 14, 81, 82, 96, 152, 166, 257

Catequeta: 81d, 283, 329e, 330

Catequética: 5, 7, 8, 8a.c.d.e, 9b, 11, 14a.b.d, 53b, 66, 80, 81, 81d, 83, 98, 107, 118, 120, 140, 142, 146, 162, 164, 175, 190, 223, 232, 234, 236, 237, 245, 246, 247, 248, 249c.h, 251, 252, 256, 258, 259, 267, 270, 272, 277c, 277e, 285, 285a, 287, 287e, 288, 293, 300a, 307, 319, 321, 324c, 327b.g.h, 328a.b, 329, 329e.j.l.p

Catequista: 3, 10, 11, 13e.k.l, 14b.e.n, 24, 27, 39, 49b, 52, 67, 70, 81, 90, 96b, 102, 146, 148a, 148c, 151, 155, 158, 159, 160, 162, 163, 165, 170, 171a, 172, 173, 176, 179, 188, 198, 199, 201, 202, 207, 208, 210b, 230, 234, 235, 236, 237, 238, 242, 243, 244, 245, 246, 247, 249a.b.c.i, 251c, 253, 254, 254a.b.c.h, 255, 256, 257, 258, 259, 260, 261, 262, 263, 264, 266, 268, 269, 269c, 269e, 270, 271, 271, 272, 273, 274, 275, 276, 277b.d.j.k, 278, 279, 280, 281, 282, 283, 287c.d.g, 288, 289, 290, 291, 292, 294, 297, 310, 315, 323, 324, 324a.d.i, 325, 325b.g, 326f.g, 327, 327g.m, 329n, 334

Catequizandos: 14e.n, 45, 48, 49, 59, 85, 103, 120, 121, 146, 149, 151, 158, 160, 162, 165, 172, 173, 199, 206, 207, 210a.b.c, 213, 225, 237, 269e, 275b, 276, 281, 287d, 300i, 315

Ciências: 14h, 76, 150, 151, 193, 196e, 206, 267, 269c, 318

Compromisso cristão: 44, 111, 193

Comunhão: 19, 31b, 43, 49a, 57, 85, 94, 100, 101, 112, 116, 122l, 126, 137, 144, 148c, 152, 169, 179, 184,

195, 199, 210b, 224e, 235, 245, 268, 313, 315, 320, 326a

Comunicação: 18, 88, 95, 97, 116, 133, 151, 163, 165, 168, 169, 169, 170, 171, 172, 181, 198, 212, 228, 230, 254b, 268, 270, 273, 280, 310, 318f, 327o, 328a

Comunidade: 8e, 10, 11, 12, 13b.f.g.m, 14e, 27, 31e, 32, 33, 34, 35, 38f, 39, 40c, 41, 42, 46a.d, 47, 49b.e, 51, 52, 53, 53e.g, 57, 81, 81a, 85, 86, 90, 102, 104, 107, 108a, 112, 114, 116, 122d.i, 133, 137, 140, 145, 148c, 152, 160, 172, 173, 174, 175, 176, 179, 180, 181, 182c, 183h, 185, 186, 188, 190, 193, 194g, 195, 196, 199, 200, 202, 204, 205, 206, 207, 210e, 211, 215, 217, 219, 232, 234, 235, 236, 237, 239b.f, 240, 242, 244, 245, 246, 248, 249c, 254a, 255e.h, 256, 259, 261, 262, 265, 269g, 273, 275, 276, 277a, 277f, 278, 281, 254, 287b.f.g, 300d.e, 301, 302, 302b.c.d, 303, 305, 312, 312c.f, 313, 314, 315, 316, 318d.e.f, 319, 320, 323, 324a.i, 325, 325a, 325i

Comunidades cristãs: 103, 107, 217, 287b

Comunidades Eclesiais de Base: 301

Concílio Ecumênico Vaticano II: 10

Confirmação: 14n, 35, 46, 99, 102, 185, 190, 194g, 195, 243, 312, 313, 324h, 325e

Conhecimento da fé: 53a, 265

Contexto sociocultural: 222, 291, 318d

Conversão: 13d, 31c, 33, 34, 35, 45, 46, 48, 49a, 69, 105c, 113, 122k, 139, 141c, 146, 159, 174, 225d, 332

Coordenação da catequese: 328

Coordenadores: 80, 81c, 290, 329i

Credo: 44, 46c, 53a.d, 66, 149, 163

Crianças: 13a, 13c, 36, 64, 78, 96a, 175, 176, 181, 187, 188, 198, 228, 244, 245, 248, 277b, 290, 297, 298, 302b, 324e

Criatividade: 173, 179, 200, 275b, 277k, 311, 318h

Cristocentrismo: 126

Critérios: 5, 6, 7, 105, 108, 160, 256, 286, 310, 312

Cultura: 10, 13h, 26, 32g, 51, 55, 58, 89, 91, 107, 114, 149, 163, 168, 169, 170, 201, 222, 223, 224, 224a, 224c.d.e.f, 225, 225a.b, 226, 227, 229, 230, 241, 265, 269e, 275a

Depósito da fé: 24, 106

Desenvolvimento: 112, 114, 164, 168, 171b, 189, 193, 195, 198, 199, 228, 269c, 299

Destinatário: 9b, 13 l.m, 173, 222

Deus: 9a, 13a.b.e.f.g.i.k, 15, 16, 17, 18, 19, 20, 21, 23, 24, 26, 27, 28, 30, 31, 31b.c.f, 32, 34, 38b, 39, 40e.g, 43, 47, 49d, 51, 53d, 60, 61, 65, 81, 83, 85, 91, 98, 99, 100, 101, 104, 105c, 106, 108a, 109, 110, 111, 112, 113, 115, 117, 118, 122b.i.l, 123, 126, 127, 128, 129a.c.d, 133, 136, 138, 139, 141b, 143, 144, 146, 147a.b.c, 148c, 149, 152, 153, 159, 160, 161, 164, 165, 172, 173, 174, 179, 183, 184, 185, 198, 204, 206, 209, 210, 210f, 213, 220, 223, 225a.d, 229, 230, 238, 239a, 245, 246, 254a, 255b.c.h, 256, 258, 262, 264, 265, 267, 269,

269f, 274a, 277j, 280, 295, 300d, 301, 302d, 303, 308, 311, 326g, 334

Diáconos: 235, 249, 284, 285, 286, 287, 327, 328

Diálogo inter-religioso: 38i, 40f, 53e, 219, 254h, 277i

Diocese: 3, 8, 55, 76, 78, 81d, 232, 235, 236, 245, 246, 250, 251a.e, 257, 292, 293, 307, 312a, 316, 318f, 320, 325d, 327, 327a.c.f.p, 328, 328a.d.k

Direitos humanos: 87, 91, 178, 228

Diretório: 1, 3, 4, 5, 6, 7, 8, 9, 9a, 11, 82, 91, 125, 130, 132, 133, 134, 156, 250, 313, 327l, 329, 329h, 331, 333, 334

Discipulado: 34

Discípulos: 21, 22, 34, 53c, 86, 112, 126, 140, 141d, 177, 219, 269 f.k, 331

Doutrina: 10, 13a.f, 39, 45, 66, 76, 77, 78, 97, 124, 125, 132, 152, 155, 160, 166, 167, 217, 232, 254h, 268, 277h, 306

Doutrina Social da Igreja: 160

Ecumenismo: 40f, 53e, 58, 91, 217, 219, 277i

Encarnação: 49d, 85, 105b, 165, 179, 221, 274

Ensino Religioso Escolar: 54, 55, 58

Escatologia: 122

Escola católica: 58

Escolas catequéticas: 10, 283, 288, 293, 327g.i, 329e

Escritura: 16, 24, 26, 27, 53a, 90, 106, 107, 117, 124, 125, 127, 131, 136, 138, 143, 152, 194m, 200, 269a, 333

Esperança: 20, 21, 31, 42, 80, 86, 98, 101, 104, 108, 112, 141c, 146, 165, 183g, 185, 192, 259, 269g, 296, 297

Espírito Santo: 13d.e, 19, 20, 21, 24, 26, 28, 32, 34, 39, 40e, 43, 49a, 99, 100, 117, 122c, 128, 129a, 136, 142, 144, 148a, 149, 159, 162, 166, 164, 334

Espiritualidade: 13k, 49c, 51, 104, 122j, 131, 148, 172, 217, 255c, 258, 264, 281, 287g, 305, 316, 326g

Etapas da catequese: 325

Ética: 160, 193

Eucaristia: 35, 46, 102, 117, 122h.l, 129b, 176, 187, 233, 243, 255c, 264, 302c, 312, 324h, 325e

Evangelho: 13d.h, 14b.h, 22, 24, 29, 31, 32, 33, 40c, 43, 46b, 49a, 49d, 53c.e, 58, 65, 80, 87, 90, 102, 104, 105f, 108, 118, 123, 128, 133, 145, 149, 163, 164, 170, 175, 176, 177, 179, 190, 193, 201, 221, 222, 223, 224, 224b.d.e, 225, 228, 231, 233, 234, 254b, 255a, 255e, 269e, 274d, 277b, 295, 296, 308, 318e, 331

Evangelização: 11, 14k, 18, 22, 25, 29, 32, 33, 34, 46a, 53c, 57, 71, 88, 101, 121, 149, 164, 168, 181, 191, 234, 238, 241, 249f, 277k, 284, 308, 320, 331, 332

Experiência: 13a.g.i, 14b, 27, 35, 38b, 40b.c.f, 42, 46d, 47, 86, 90, 98, 110, 112, 114, 116, 118, 121, 122e, 125, 133, 134, 139, 143, 144, 152, 155, 157, 161, 165, 166, 182, 182b, 185, 189, 193, 194n, 197, 204, 205, 207, 211, 212, 213, 219, 231, 235, 237, 238, 239a, 242, 256, 264, 265, 268, 270, 271, 274c.f,

275a, 277h, 279, 281, 300d, 300i, 302a, 311, 318a.
e, 325i, 328d

Família: 55, 68, 74, 95, 96d, 98, 116, 173, 181, 186, 188, 189, 190, 194b, 199, 205, 208, 217, 218, 227, 238, 239, 239a.d.f, 240, 241, 249b, 269e, 281, 287d, 296, 297, 299, 300, 300c.d, 300h, 302, 313, 315, 324f

Fé: 9, 9a.b, 10, 12, 13a.b.c.e.f.g.h.i.j.k.m, 14b, 14n, 15, 16, 18, 23, 24, 27, 28, 32, 33, 34, 35, 37, 38, 38a.g.h, 39, 40, 40c.d, 41, 44, 45, 46b, 49a, 49e, 50, 52, 53, 53a.c.e.f, 56, 57, 58, 61, 66, 63, 74, 78, 80, 81a, 83, 84, 85, 90, 91, 92, 93, 94, 95, 96, 100, 104, 106, 107, 108, 108a, 110, 117, 112, 116, 118, 119, 120, 123, 124, 125, 126, 127, 129, 130, 131, 132, 135, 136, 137, 138, 139, 141c.e, 142, 143, 145, 146, 147a.c, 148, 149, 150, 152, 153, 154, 155, 157, 158, 160, 163, 165, 167, 171a, 173, 175, 179, 180, 181, 182a.c.g, 185, 188, 189, 192, 193, 194g, 195, 196c.g, 199, 200, 205, 207, 210e, 211, 212, 213, 216, 217, 221, 224e.f, 226, 229, 230, 233, 238, 239, 239a.d, 242, 245, 254c.e.g, 255d, 258, 259, 264, 265, 267, 268, 269b.e.h, 273, 274c, 275a.b, 277h, 279, 281, 284, 287b.d, 288, 289, 291, 295, 296, 297, 299, 301, 302f.d, 304, 306, 307, 308, 311, 312, 312b.c.d.e, 313, 319, 320, 323, 324b.f.g, 327f, 332, 333

Filho de Deus: 49d, 60, 98, 101

Finalidade da catequese: 7, 43

Fonte: 25, 49, 52, 100, 106, 110, 115, 117, 118, 123, 174, 175, 176, 237, 253, 269 a, 314, 316

Formação de catequistas: 13m, 67, 249i, 253, 254, 290, 294

Fundamento antropológico: 116

Fundamento teológico: 112

Graça: 19, 28, 30, 31f, 36, 48, 89, 101, 117, 122l, 161, 165, 183d, 221, 238, 318k

Grupo: 38, 59, 61, 64, 68, 81d, 92, 93, 108a, 110, 111, 112, 114, 116, 146, 161, 164, 173, 176, 177, 184, 194c, 196c, 201, 206, 212, 217, 218, 219, 221, 224, 240, 263, 271, 272, 275, 276, 277e.f.j, 293, 302a.d, 305, 314, 318i, 321, 324f, 326h, 329e

Hierarquia das verdades: 217

História da Igreja: 66, 68, 130

História da Salvação: 23, 47, 80, 117, 122b, 130

Homilia: 118

Identidade cristã: 108b, 119, 154d, 255d

Idosos: 64, 185, 244, 290, 300h

Igreja: 1, 4, 9a.b, 10, 13j.l, 14b, 16, 22, 24, 25, 27, 29, 30, 32, 33, 36, 37, 39, 40, 43, 44, 46, 48, 49a.b.d, 50, 51, 53, 53b, 54, 55, 57, 59, 61, 63, 66, 67, 68, 71, 72, 74, 76, 81a, 82, 83, 84, 87, 88, 89, 90, 91, 92, 93, 95, 96, 96d, 99, 102, 103, 104, 106, 107, 108a, 110, 111, 112, 113, 114, 117, 120, 122m, 123, 124, 125, 129, 130, 132, 133, 134, 135, 136, 137, 140, 142, 143, 145, 146, 147b.c, 149, 150, 151, 152, 153, 160, 163, 166, 169, 176, 177, 178, 181, 183h, 184, 185, 187, 190, 193, 194g.k, 197, 202, 204, 212, 214, 215, 217, 219,

220, 221, 222, 224f, 231, 232, 233, 234, 235, 236, 238, 239d, 240, 241, 242, 243, 245, 246, 248, 252, 254h, 255e, 256, 259, 262, 267, 269a.d.h, 273, 277a, 277h.k, 278, 294, 297, 300, 301, 304, 305, 306, 319, 320, 321, 331, 333, 334

Inculturação: 13h, 49d, 64, 105e, 149, 163, 201, 222, 223, 225, 227, 229, 230, 254g, 269f, 277b

Iniciação cristã: 14f, 35, 37, 46, 49a.b, 184, 192, 194g, 199, 237, 312f

Instrumentos: 163, 170, 183i, 251f, 326c, 327f

Interlocutor: 9b, 114, 141h, 163, 168, 173, 179, 181, 189, 191, 214, 224f, 225b, 230, 254g, 269, 275a, 277b, 286, 321

Itinerário: 37, 118, 130, 152, 193, 205, 212, 238, 239d, 301, 327d, 329d

Jesus Cristo: 13d.e.g, 16, 18, 20, 23, 24, 27, 30, 33, 34, 38c, 40c, 42, 43, 53c, 57, 60, 80, 86, 90, 94, 99, 100, 101, 105a, 111, 117, 122c, 127, 130, 131, 140, 173, 183, 195, 222, 253, 254e, 255b, 264, 269g, 277k, 287g, 289, 316, 319, 326g, 331, 332

Jovens: 36, 64, 78, 170, 175, 181, 187, 188, 189, 190, 191, 192, 193, 194, 194b.c, 242, 244, 245, 247, 248, 277b, 290, 297, 300b, 324e

Justiça: 31c, 32, 53c, 60, 97, 103, 113, 141b, 144, 160, 181, 193, 210b, 218, 220, 255c, 265, 281, 301, 309, 316

Leigos: 66, 68, 73, 75, 78, 85, 145, 183b, 193, 241, 245, 246, 258, 277d, 286, 293, 302d, 303, 328

Leitura da Bíblia: 13e, 109, 110, 111, 112
Leitura fundamentalista: 109, 114
Leitura orante: 111, 300d, 302e
Liberdade: 73, 91, 173, 193
Libertação: 30, 32, 42, 53c, 84, 105c, 113, 193, 228
Linguagem: 13h.m, 14b, 21, 113, 134, 149, 163, 168, 170, 172, 179, 191, 200, 201, 214, 220, 224e, 230, 251
Liturgia: 9a, 13j, 16, 18, 24, 25, 28, 33, 36, 37, 40c, 49c, 53b.d, 80, 102, 106, 107, 110, 115, 117, 118, 119, 120, 122b.c.d.f, 127, 131, 137, 143, 152, 154, 163, 166, 182d, 230, 233, 249f, 265, 302c, 326g, 327k, 329d
Lugares da catequese: 295
Magistério: 2, 24, 83, 124, 125, 134, 143, 155, 159, 169
Mandato missionário: 59
Maria: 13k, 75, 99, 104, 107, 122m, 184, 193e, 264, 311, 334
Matrimônio: 184, 194j, 238, 300b, 324h, 325e
Maturidade da fé: 255d, 258, 281, 312c
Meios de comunicação: 95, 168, 169, 181
Memória: 198, 212, 230, 254b, 273
Mensagem: 13g.m, 14b, 19, 27, 30, 34, 52, 58, 97, 98, 102, 103, 105a.c.d.f, 106, 109, 110, 112, 113, 118, 123, 127, 128, 129, 133, 134, 140, 143, 147a, 152, 162, 163, 165, 168, 169, 170, 171c, 179, 181, 191, 226, 229, 230, 249e, 255f, 264, 269 f.g, 291, 332 280
Método: 13l, 84, 110, 11, 113, 131, 132, 150, 152, 153, 154, 155, 156, 157, 163, 168, 172, 251c, 280, 286, 192, 317, 331

Metodologia: 10, 13m, 69, 79, 96c, 148a, 171b, 172, 249e, 258, 270, 275a, 318g

Ministério: 80, 84, 110, 111, 113, 132, 150, 152, 153, 154, 155, 156, 157, 163, 168, 172, 251c, 280, 286, 292, 317, 331

Missão: 3, 9a, 13l, 21, 22, 34, 37, 43, 44, 51, 53, 53f.g, 56, 60, 61, 62, 64, 65, 66, 68, 70, 73, 75, 83, 84, 90, 98, 99, 119, 120, 123, 145, 148, 149, 150, 151, 153, 170, 173, 183h, 186, 188, 196c, 1983 213, 239f, 241, 242, 243, 244, 245, 248, 255c, 260, 266, 267, 277a.h, 293, 298, 314, 315, 316, 318a.e, 319, 326, 328, 334

Mistagogia: 46d, 53b, 274h

Mistério: 13d.g, 19, 20, 21, 31, 31a.d, 32, 33, 35, 36, 37, 43, 46d, 49c, 53a.b, 60, 85, 94, 100, 105b, 109, 117, 118, 119, 120, 121, 122a.j, 126, 128, 129a.b, 133, 136, 154, 166, 172, 179, 204, 205, 220, 229, 256, 302c, 332

Mistério Pascal: 20, 31a, 35, 46d, 117, 119, 120, 122a.k, 129b, 154

Moral: 53c, 72, 97, 110, 160, 190, 265, 288c

Movimentos: 185, 204, 300c, 302d, 305, 306, 307

Narrativa: 107, 130, 139, 141g

Natureza da catequese: 39

Nova evangelização: 29, 331

Objetivo: 7, 13l, 32, 58, 80, 108, 111, 133, 134, 146, 147, 254, 318g, 319, 320, 324k, 326b, 327c, 328c, 329

Obras: 20, 22, 23, 165

Opção preferencial pelos pobres: 13l, 92, 103

Oração: 35, 38e, 51, 53, 53d.e, 66, 75, 110, 111, 122d.m, 137, 141h, 143, 148b, 161, 173, 174, 194l, 200, 218, 264, 265, 277f, 300d, 302a, 327g, 332

Organização da catequese: 9b, 78, 237, 314, 320, 322, 327

Pai: 13e, 19, 20, 21, 31a.b, 32, 43, 46c, 47, 53d, 66, 98, 99, 100, 104, 111, 117, 126, 129a, 130, 131, 140, 159, 161, 169f

Palavra de Deus: 13e.k, 18, 24, 25, 26, 27, 39, 40g, 53d, 81, 83, 106, 108a, 109, 110, 112, 113, 115, 122i, 123, 136, 147b, 149, 153, 159, 164, 165, 174, 189, 209, 210, 223, 255c.h, 267, 269a, 277j, 301, 302e, 326g

Papa: 3, 71, 76, 78, 125, 331

Paróquia: 68, 78, 257, 277, 291, 292, 303, 307, 318f, 320, 324, 325a, 326d

Participação: 11, 31c, 38f, 44, 46, 53b, 85, 94, 117, 121, 122h, 134, 149, 173, 193, 194a.c, 198, 205, 206, 233, 239b, 239f, 277e, 279, 300d, 313, 315, 326h

Páscoa: 33, 40b, 49c

Pastoral: 5, 8d, 10, 13j, 14a, 14o, 33, 49b, 57, 66, 76, 79, 80, 84, 93, 96e, 112, 120, 157, 182d, 194c, 202, 205, 211, 232, 246, 250, 251e, 252, 292, 297, 298, 304, 318m, 320, 325a, 327c, 328a, 329c, 330

Paz: 31c, 87, 97, 160, 183i, 193, 210b, 228

Pecado: 21, 30, 31f, 49d, 99, 113, 114a, 177, 225c

Pedagogia: 9b, 13b.f, 14h, 20, 21, 39, 128, 139, 139, 140, 141, 143, 145, 146, 147, 148, 148, 165, 173, 175, 179, 206, 208, 258, 270, 272, 274g, 291, 327d

Penitência: 53c, 107, 312

Pentecostes: 21, 177

Pessoa com deficiência: 203

Pessoa humana: 13d, 15, 19, 30, 126, 133, 146, 149, 165, 178, 179, 256, 269c, 291, 309, 316

Planejamento: 8c, 89, 162, 236, 276, 277f, 318l, 326b, 327c

Pluralismo: 54, 59, 215

Pobreza: 213, 214

Povo de Deus: 24, 106, 112, 139, 184, 220, 229, 245, 303

Pregação: 23, 24, 75, 98, 102, 103, 107, 145, 233

Presbítero: 49b, 235, 237, 245, 248, 251, 284, 285, 286, 287, 293, 328

Primeiro anúncio: 30, 31, 36, 43, 46a, 205, 307

Prioridade: 14k, 74, 89, 96, 231, 251a, 252, 277a, 328c

Processo: 3, 9b, 13a.c.f.m, 14f.i, 20, 22, 35, 36, 37, 38, 41, 45, 47, 49c.e, 50,, 52, 58, 84, 97, 102, 119, 121, 122, 127, 130, 134, 140, 146, 149, 152, 156, 157, 161, 172, 173, 174, 181, 192, 194e, 198, 199, 208, 210a, 225, 233, 256, 257, 258, 262, 267, 272, 274h, 277i. k, 278, 287d, 299, 312, 313, 319, 326b, 332

Profissão de fé: 44, 49a, 91, 149, 167

Projeto diocesano: 305

Protagonista: 9b, 88, 145, 191, 195, 252

Reconciliação: 122k

Reino de Deus: 32, 40e, 60, 85, 105c, 113, 129d, 141b, 173, 246, 255b, 302d

Religião: 53c, 54, 55, 73

Religiosas: 40, 57, 58, 70, 91, 155, 183 l, 192, 194e, 201, 213, 218, 221, 246, 311

Religiosidade popular: 123n, 131, 216

Religiosos: 89, 106, 158, 184, 221, 235, 245, 246, 247, 277b, 293, 327, 328

Revelação: 9a, 13f, 17, 18, 20, 21, 22, 23, 25, 27, 28, 107, 110, 126, 132, 140, 217, 274a, 306

Ritos: 34, 47, 49e, 53b, 116, 118, 120, 122e, 201

Saber: 58, 89, 163, 166, 167, 195, 221, 255f, 261, 277, 318h.j

Sacramentos: 14g, 16, 22, 35, 36, 47c.d, 47, 50, 51, 53, 117, 119, 121, 122l, 128, 129b, 130, 154, 166, 173, 183d, 194g, 204, 234, 244, 298, 300c, 302c, 303, 312, 313

Sagrada Escritura: 24, 26, 27, 106, 107, 123, 127, 136, 138, 194m, 200, 269e, 333

Salvação: 19, 21, 22, 23, 30, 31b, 35, 44, 47, 60, 80, 97, 101, 105c, 113, 117, 122b.d.l, 129a, 130, 133, 140, 146, 165, 166, 205, 221, 274a, 297

Santos: 25, 46, 102, 106, 122m, 131, 145

Seminaristas: 284, 288, 328

Serviço: 13d.e.k, 22, 24, 35, 38g, 88, 92, 103, 108, 121, 122n, 123, 125, 126, 153, 170, 179, 182d, 194n, 196f, 211, 234, 236, 242, 245, 248, 277e, 287a, 302d, 315, 318a.e, 324, 329j

Sinais dos tempos: 25, 84, 85, 143, 158

Situação: 10, 13d, 36, 54, 55, 92, 139, 155, 179, 185, 193, 198, 207, 211, 212, 214, 224f, 238, 256, 269f, 281

Sociedade: 37, 41e, 53c.f, 54, 81a, 83, 85, 86, 87, 89, 90, 91, 92, 96d, 106, 108a.b, 141d, 147, 160, 170, 181, 183c.h, 185, 186, 189, 191, 193, 195, 197, 213, 215, 234, 254b, 266, 269e.f, 301, 309, 311, 330

Solidariedade: 62, 85, 144, 183c, 189, 197, 210b, 213, 239a.b, 255c, 297, 302b, 305, 309, 312c, 315, 316, 318i, 326h

Tarefas: 18, 41, 53, 224, 236, 254c, 277 f, 304, 322, 325, 327

Teologia: 24, 84, 133, 201, 293, 306, 329p

Testemunho: 19, 25, 46b, 53f, 56, 57, 106, 107, 145, 173, 183h, 185, 190, 194g, 217, 225d, 231, 235, 245, 246, 255c.g, 264, 267, 270, 277f, 299

Tradição: 4, 24, 25, 47, 48a.c, 69, 84, 106, 107, 106, 123, 125, 130, 133, 143, 152, 157, 159

Transmissão: 66, 73, 123, 150, 152, 163, 231, 258

Trindade: 100, 221

Unidade: 14a, 94, 118, 126, 132, 179, 183i, 201, 217, 218, 263, 302, 320, 328a

Urbano: 13h, 63, 71, 93, 213, 214, 224

Valores: 13h, 32, 39g, 57, 85, 88, 89, 90, 92, 106, 109, 116, 127, 141f, 145, 163, 170, 173, 186, 187, 196d, 201, 213, 215, 225b, 241, 252, 265, 296, 298, 307, 311, 318h.i

Vida cristã: 35, 36, 38, 40a, 46b, 49a, 53 100, 118, 119, 154, 167, 178, 195, 238, 239a.d, 298, 301, 302b, 318a

Vocação: 30, 53, 126, 139, 173, 215, 242, 243, 248, 249c, 262, 306, 316, 324

Voluntários: 195a, 204

SUMÁRIO

Apresentação 7
Siglas e abreviaturas 11
Introdução 15
   1. Os Diretórios na Tradição recente da Igreja 17
   2. Objetivo e finalidades 18
   3. Critérios de redação e esquema geral 19

I.
FUNDAMENTOS TEOLÓGICO-PASTORAIS
DA CATEQUESE E SEU CONTEXTO

Capítulo 1
Movimento catequético pós-conciliar:
conquistas e desafios 25
   1. Renovação catequética à luz do Concílio Ecumênico
      Vaticano II 25
   2. Características da *Catequese Renovada* 27
   3. Alguns desafios 33

Capítulo 2
A catequese na missão evangelizadora da Igreja 37
   1. Fé e sentido da vida 37
   2. Revelação e Palavra de Deus 39
      2.1. Deus, em Jesus Cristo, revela-se como Pai
         Misericordioso 39
      2.2. A Palavra de Deus, fundamento da catequese 42
   3. Evangelização e catequese 46

3.1. Primeiro anúncio e catequese 47
3.2. Conversão, seguimento, discipulado, comunidade ..50
4. Nova compreensão do ministério da catequese 51
   4.1. Catequese a serviço da iniciação cristã 51
   4.2. Natureza da catequese 54
   4.3. Finalidade da catequese 57
   4.4. A catequese inspirada no processo catecumenal 58
   4.5. A comunidade: fonte, lugar e meta da catequese 62
   4.6. Tarefas da catequese................................64
5. Educação religiosa nas escolas 67
   5.1. Ensino Religioso Escolar distinto da catequese 67
   5.2. O testemunho dos profissionais católicos na educação 68
   5.3. Escola católica 69

Capítulo 3
Catequese contextualizada: história e realidade 71
1. A catequese na história e a história como lugar teológico...71
   1.1. A Igreja na história 71
   1.2. Ser humano, um ser histórico 72
   1.3. Encarnar-se na história...........................73
2. A catequese na evangelização da América Latina, especialmente do Brasil 74
   2.1. A catequese na América Latina 74
   2.2. A catequese no Brasil dos inícios até o documento *Catequese Renovada* 76
   2.3. A catequese no Brasil depois do documento *Catequese Renovada* 83
3. A contextualização da catequese hoje 86
   3.1. Ver a realidade e nela encarnar-se crítica e cristãmente 86
   3.2. Catequese e sinais dos tempos 87
   3.3. A pluralidade sociorreligiosa 90

   3.4. Família e mundo adulto, prioridades para
       a catequese 93

Capítulo 4
Catequese: mensagem e conteúdo 95
   1. A mensagem cristã e sua apresentação 95
     1.1. Mensagem diz mais que doutrina 95
     1.2. A mensagem de Jesus...96
     1.3. A mensagem evangélica vivida e anunciada
          na Igreja..98
     1.4. Critérios para apresentar a mensagem 100
   2. A Palavra de Deus, fonte da catequese 101
     2.1. Sagrada Escritura, valor primordial 102
     2.2. Liturgia como fonte da catequese 109
     2.3. O *Catecismo da Igreja Católica* e os
          catecismos locais..116
   3. Na comunidade: interação entre Bíblia, liturgia,
     Catecismo, Magistério, a serviço do Reino 124

II.
ORIENTAÇÕES PARA A CATEQUESE
NA IGREJA PARTICULAR

Capítulo 5
Catequese como educação da fé 129
   1. O modo de proceder de Deus e a pedagogia
     catequética 129
     1.1. Como Deus-Pai agiu na história 129
     1.2. O modo de proceder de Jesus 130
     1.3. A ação do Espírito Santo na educação da fé 132
     1.4. O modo de proceder da Igreja...............................133
     1.5. A originalidade da pedagogia da fé 134
     1.6. Fidelidade a Deus e à pessoa humana...................137

2. Catequese como processo educativo 137
  2.1. A catequese e as ciências pedagógicas 137
  2.2. Variedade de métodos 138
  2.3. A experiência humana na educação da fé 146
  2.4. A memorização na catequese 147
  2.5. A comunicação social a serviço da catequese 148
  2.6. Atividade e criatividade de catequistas e catequizandos 151
  2.7. A comunidade catequizadora e o grupo de catequistas 152

Capítulo 6
Destinatários como interlocutores no processo catequético 155
  1. Direito do fiel e da comunidade à catequese 155
  2. Catequese conforme as idades 157
    2.1. Catequese com adultos 158
    2.2. Catequese com pessoas idosas 160
    2.3. Catequese com jovens, adolescentes e crianças 162
  3. Catequese na diversidade 171
    3.1. Grupos indígenas, afro-brasileiros e outros 171
    3.2. Pessoas com deficiência 172
    3.3. Marginalizados e excluídos 175
    3.4. Pessoas em situações canonicamente irregulares ..176
    3.5. Grupos diferenciados 176
    3.6. Ambientes diversos 177
  4. A catequese conforme o contexto sociorreligioso 178
    4.1. Situação de pluralismo e de complexidade 178
    4.2. Catequese e religiosidade popular 179
    4.3. Catequese, ecumenismo e o diálogo inter-religioso 179
    4.4. Catequese e os recentes movimentos religiosos 181
  5. A catequese conforme o contexto sociocultural 182
    5.1. Catequese e inculturação 183

5.2. Processo metodológico na inculturação 184
5.3. Espaços privilegiados para a inculturação 185
5.4. Comunicação e linguagem na catequese 186

Capítulo 7
Ministério da catequese e seus protagonistas 187
1. A catequese na Igreja particular 187
   1.1. O ministério da catequese na Igreja particular 187
   1.2. A catequese como ação básica da Igreja 188
   1.3. Um serviço indispensável 188
   1.4. Apoio e sustentação 189
2. As diversas responsabilidades 190
   2.1. A responsabilidade da comunidade 190
   2.2. Os pais e o ambiente familiar 191
   2.3. Os leigos 193
   2.4. Leigos catequistas 193
   2.5. Religiosas e religiosos na catequese 195
   2.6. Presbíteros e diáconos 196
   2.7. O bispo e a catequese 198
3. Formação de catequistas 199
   3.1. Importância da formação, sua fonte e
        protagonistas 199
   3.2. Objetivos e finalidades da formação 200
   3.3. Perfil do catequista 204
   3.4. Linhas para formação dos catequistas 213
   3.5. Espaços para a formação dos catequistas 216
   3.6. Formação em escolas catequéticas
        e em institutos superiores 220

Capítulo 8
Lugares e organização da catequese 223
1. Lugares da catequese 223
   1.1. Lugares privilegiados de catequese 224
   1.2. Tempo do processo educativo da fé 232

2. O ministério da coordenação e a organização da
catequese 235
2.1. O serviço da coordenação 235
2.2. Características do serviço da coordenação 236
2.3. Organização e exercício da responsabilidade 238

Conclusão 249

Glossário 251

Índice temático 261

COLEÇÃO DOCUMENTOS DA CNBB

1 Testemunhar a fé viva em pureza e unidade
2 Pastoral da eucaristia: subsídios
2a Pastoral dos sacramentos da iniciação cristã
3 Em favor da família
4 Diretrizes Gerais da Ação Pastoral da Igreja no Brasil
5 3º Plano bienal dos Organismos Nacionais – 1975-1976
6 Pastoral da penitência
7 Pastoral da música litúrgica no Brasil
8 Comunicação pastoral ao povo de Deus
9 4º Plano bienal dos Organismos Nacionais – 1977-1978
10 Exigências cristãs de uma ordem política
11 Diretório para missas com grupos populares
12 Orientações pastorais sobre o matrimônio
13 Subsídios para Puebla
14 Pastoral da unção dos enfermos
15 Diretrizes Gerais da Ação Pastoral da Igreja no Brasil
16 5º Plano bienal dos Organismos Nacionais – 1979-1980
17 Igreja e problemas da terra
18 Valores básicos da vida e da família
19 Batismo de crianças
20 Vida e ministério do presbítero: pastoral vocacional
21 6º Plano bienal dos Organismos Nacionais – 1981-1982
22 Reflexão cristã sobre a conjuntura política
23 Solo urbano e ação pastoral
24 Pronunciamentos da CNBB – 1981-1982 (coletânea)
25 Comunidades Eclesiais de Base na Igreja do Brasil
26 Catequese renovada
27 Pronunciamentos da CNBB – 1982-1983 (coletânea)
28 Diretrizes Gerais da Ação Pastoral da Igreja no Brasil – 1983/1984
29 7º Plano bienal dos Organismos Nacionais – 1983-1984
30 Formação dos presbíteros na Igreja do Brasil: diretrizes básicas
31 Nordeste: desafio à missão da Igreja no Brasil
32 Pronunciamentos da CNBB – 1983-1984 (coletânea)
33 Carta aos agentes de pastoral e às comunidades
34 8º Plano bienal dos Organismos Nacionais – 1985-1986
35 Pronunciamentos da CNBB – 1984-1985 (coletânea)
36 Por uma nova ordem constitucional: declaração pastoral
37 Pronunciamentos da CNBB – 1985-1986 (coletânea)
38 Diretrizes Gerais da Ação Pastoral da Igreja no Brasil – 1987-1990
39 9º Plano bienal dos Organismos Nacionais
40 Igreja: comunhão e missão na evangelização dos povos no mundo do trabalho, da política e da cultura
41 10º Plano bienal dos Organismos Nacionais
42 Exigências éticas da ordem democrática
43 Animação da vida litúrgica no Brasil
44 Pronunciamentos da CNBB – 1986-1988 (coletânea)
45 Diretrizes Gerais da Ação Pastoral da Igreja no Brasil – 1991/1994

46 11º Plano bienal dos Organismos Nacionais
47 Educação, Igreja e sociedade
48 Das Diretrizes a Santo Domingo
49 12º Plano de pastoral dos Organismos Nacionais
50 Ética: pessoa e sociedade
51 Pronunciamentos da CNBB – 1988-1992 (coletânea)
52 Orientações para a celebração da Palavra de Deus
53 Orientações pastorais sobre a renovação carismática católica
54 Diretrizes Gerais da Ação Evangelizadora da Igreja no Brasil – 1995-1998
55 Formação dos presbíteros da Igreja no Brasil: diretrizes básicas
56 Rumo ao novo milênio: projeto de evangelização da Igreja no Brasil em preparação ao grande Jubileu do ano 2000
57 13º Plano bienal de atividades do Secretariado Nacional
58 Pronunciamentos da CNBB – 1992-1996 (coletânea)
59 Igreja e comunicação rumo ao novo milênio: conclusões e compromissos
60 14º Plano bienal de atividades do Secretariado Nacional
61 Diretrizes Gerais da Ação Evangelizadora da Igreja no Brasil – 1999-2002
62 Missão e ministérios dos cristãos leigos e leigas
63 15º Plano bienal de atividades do Secretariado Nacional – 2000-2001
64 Diretrizes e normas para as universidades católicas segundo a Constituição Apostólica *Ex Corde Ecclesiae* – Decreto geral
65 Brasil – 500 anos: diálogo e esperança – Carta à sociedade brasileira e às nossas comunidades
66 Olhando para a frente: o projeto "Ser Igreja no Novo Milênio" explicado às comunidades
67 Eleições 2002 – Propostas para reflexão
68 16º Plano bienal de atividades do Secretariado Nacional – 2002-2003
69 Exigências evangélicas e éticas de superação da miséria e da fome – "Alimento, dom de Deus, direito de todos"
70 Estatuto Canônico e Regimento da Conferência Nacional dos Bispos do Brasil (CNBB)
71 Diretrizes Gerais da Ação Evangelizadora da Igreja no Brasil – 2003-2006
72 Projeto Nacional de Evangelização (2004-2007) – Queremos ver Jesus – Caminho, verdade e vida – Orientações gerais
73 17º Plano bienal de atividades do Secretariado Nacional – "Queremos ver Jesus – Caminho, verdade e vida" – 2004-2005 (Jo 12,21b; 14,6)
74 Diretrizes para o diaconato permanente: formação, vida e ministério do diácono permanente da Igreja no Brasil
75 Carta aos presbíteros
76 Plano de emergência para a Igreja do Brasil – 2004
77 Plano de Pastoral de Conjunto – 1966-1970
78 Pronunciamentos da CNBB – 1997-2003
79 Diretório da Pastoral Familiar – Comissão Episcopal Pastoral para a Vida e a Família (texto aprovado pela 42ª Assembléia Geral em Itaici – SP)
80 Evangelização e missão profética da Igreja: novos desafios
81 18º Plano bienal de atividades do Secretariado Nacional – 2006-2007
82 Eleições 2006: orientações da CNBB
83 Pronunciamentos da CNBB – 2004-2006
84 Diretório Nacional de Catequese

85 Evangelização da Juventude
86 19º Plano Pastoral do Secretariado Nacional – 2008
87 Diretrizes Gerais da Ação Evangelizadora da Igreja no Brasil
88 Projeto Nacional de Evangelização: O Brasil na missão continental – "A alegria de ser discípulo missionário"
89 20º Plano Pastoral do Secretariado Geral 2009-2010
90 Legislação complementar ao Código de Direito Canônico para o Brasil sobre a absolvição geral
91 Por uma reforma do estado com participação democrática
92 Mensagem ao Povo de Deus sobre as Comunidades Eclesiais de Base
93 Diretrizes para a formação dos presbíteros da Igreja no Brasil
94 Diretrizes Gerais da Ação Evangelizadora da Igreja no Brasil – 2011-2015
95 21º Plano Pastoral do Secretariado Geral – 2012-2015
96 Diretrizes para o diaconado permanente da Igreja no Brasil – formação, vida e ministério
97 Discípulos e servidores da Palavra de Deus na missão da Igreja – 50ª Assembleia Geral
98 Pronunciamentos da CNBB – 2006-2011